中学生提高学习成绩的技巧

ZHONGXUESHENG
TIGAO XUEXI
CHENGJI DE JIQIAO

赵晓华◎编著

北京工业大学出版社

图书在版编目（CIP）数据

中学生提高学习成绩的技巧／赵晓华编著．—北京：
北京工业大学出版社，2015.10（2021.9 重印）
ISBN 978-7-5639-4447-7

Ⅰ．①中…　Ⅱ．①赵…　Ⅲ．①中学生－学习方法
Ⅳ．①G632.46

中国版本图书馆 CIP 数据核字（2015）第 216402 号

中学生提高学习成绩的技巧

编　　著：赵晓华
责任编辑：符彩娟
封面设计：胡椒书衣
出版发行：北京工业大学出版社
　　　　　（北京市朝阳区平乐园 100 号　邮编：100124）
　　　　　010-67391722（传真）　　bgdcbs@sina.com
经销单位：全国各地新华书店
承印单位：唐山市铭诚印刷有限公司
开　　本：787 毫米 ×1092 毫米　1/16
印　　张：14
字　　数：218 千字
版　　次：2015 年 10 月第 1 版
印　　次：2021 年 9 月第 4 次印刷
标准书号：ISBN 978-7-5639-4447-7
定　　价：39.80 元

前　　言

　　仔细观察班上几十个学生的学习情况，他们入学时的成绩可能相差不大，在同样的几位老师指导下，用的是统一的课本，大家都很用功，可是不久，学习成绩就会拉开明显的距离，其中一个重要原因，就是学习方法上的差异。

　　上课前，有的学生预习，有的学生则不预习。就是预习，方法也是各式各样的。

　　上课时，表面上大家都在专心地听讲，有的学生却只重视记笔记，并不认真听讲；有的学生则边听、边想、边记，但主要精力却放在听和想上；有的学生不记笔记，专心听老师讲课，只在书上勾勾、画画、写写；有的学生则只听老师讲课的思路；等等。

　　做作业时，有的学生拿起本来就做，不会做时再查书；有的学生却先进行课后复习，然后再做作业。至于阶段复习，有的学生能自觉进行，有的学生则不到考试不复习。

　　可以说，有相当多的学生在学习上只搞三部曲：一上课，二做作业，三考前突击，仅此而已。这可以说是一种最被动的应付式的学习方法。而优秀生的学习为什么显得主动、轻松和愉快呢？这往往与他们采用科学的学习方法有

密切关系。

曾有一个高中学生，入学时学习成绩一般，可是不久他的学习成绩在班里和全年级就名列前茅了，不少入学成绩比他好，甚至比他还用功的学生，都远远地落在他的后面。为什么会出现这种情况呢？因为他初步掌握了一套科学的学习方法，他把学习过程总结为课前预习、课上听讲、课后消化和阶段复习四个环节。他认为：前三步是每天必做的事，最后一步可以每星期进行一次或每章进行一次。他认为在这四个环节中，最重要的是消化，只有经过理解、消化，知识才能真正成为自己的。由于他成绩突出，高中毕业后，得到了很好的学习深造的机会。

所以，无论做什么事情，科学的方法永远是必需的。在我们周围，确实有一批相当刻苦、相当勤奋的同学，功夫没少用，但学习效果并不理想，原因就在于没有掌握正确的学习方法。

我们这本书就是专门向那些急需掌握学习方法的同学们，提供一些常用的实用方法。这其中有一些学习策略，但更多的是一些具体的操作模式。本书的作者是多年关注"学习科学"的教育工作者，长期密切接触中小学生，非常熟悉同学们的学习现状。正因为了解同学们的需求，所以我们不追求"方法大全"，书中也不讲太深奥的道理。实用和密切联系实际，是我们这本书始终遵循的原则，也是本书有别于其他书的特点。书中许多内容曾有老师在不同场合给不同年级的同学们讲过，受到热烈欢迎。

本书为中学生提供了一套全面、系统的学习方法，既有适用于所有科目的基本学习方法，又有针对每门学科的具体学习方法；既有传统的方法，也有现代的技巧。融古今于一体，博采百家之长。具体说来，本书分十二章，要求同学们先统览全书基本内容，然后再深读每章、每节的详细内容。它将为中学生提高学业成绩、掌握各科知识提供一系列良好的方法指导，能使中学生轻松高效地学习。

目　　录

第三章　好成绩来自好习惯

第四章　预习：让你时刻领先一步

第五章　听课：向45分钟要成绩

第六章　作业：数量和质量同等重要

第七章　复习：提高成绩的摇篮

第八章　考试：如何做到超常发挥

第九章　找到适合自己的学习方法

第十章　让身体保持最佳状态

第十一章　克服学习中的障碍

第十二章　三大主科的学习技巧

第一章
充分利用学习资源

课本是学习的根本

课本是由教育部门组织专家、学者或有经验的教师，依据教学大纲，根据知识的科学体系，针对学生的年龄特点和社会发展的需要编写的，内容精练、严谨、深刻，是一般参考书无法替代的。

课本是教师教、学生学的共同依据，也是考核学生的主要依据。如果不认真钻研课本，不认真达到课本所提出的基本要求，就无法掌握好中学的基础知识，也不容易使基本能力得到提高。抓住了课本，也就抓住了基础和根本。课本与其他书籍最明显的一个区别就是能够把知识的重点有计划地平均分配。为了让使用教材的学生有步骤、有条不紊地学习，编书者会事先安排好学习的顺序和进度，各个要点都平均分配在从第一章到最后一章的每个小节里，并且按照从易到难、从简到繁、从浅到深的循序渐进的规律发展，很有系统性。所有这些，都是其他书籍所不具备的。总而言之，课本是一种高度浓缩、具有高"含金量"的资源，它里面的每个字以及每种组合都是本领域的权威专家慢慢"磨"出来的，每一个单位空间里都尽可能地容纳和渗透着最大的价值。可以说，没有比课本更具开发价值的学习资源了。

那么，中学生应该怎样充分利用课本呢？

（1）精读教材

精读教材，就是深入地钻研课文，吃透教材中的每一个概念、原理及相互关系，从整体上把握教材，做到完整、准确地理解并掌握课文的全部内容。

精读课文时可在每个段落的边缘处批注几个可以反映主要概念的关键词语，当读完全篇课文闭目反思时，大的方面你可以从课文的知识提纲开始复述，细节方面你便可以从各段落的批注内容进行展开。你会发现，边读边做切题的页边注释，然后又从注释回想整段内容的做法，可以培养自己深入理解

并记忆整段课文的能力，而且采用这种方法比采用其他方法记忆得更快、更牢固。

对于一些需要透彻理解的课文内容，你可以用提纲、标题、画线或批注将有关的知识重新组合起来，变成实实在在的自己的语言，你不妨对自己说，或者大声地讲出来。当你能用自己的语言准确复述有关知识时，可以说你完成了一项重要的心智活动。这证明你不仅已经理解了课文内容的含义，而且已经掌握课文内容的组织结构，能自如地重新组合运用了。这正是精读课文所要追求的境界。

（2）利用好课本目录

学习时要利用好课本目录，这样既有利于整理知识，使知识系统化、条理化，使书越读越"薄"；又能够促使同学们在忆、说、写的复习活动中充分发挥主观能动性，增强自主意识，培养学习能力。

下面介绍利用目录进行学习的一些方法。

忆，就是翻开目录，看看自己是否能够根据目录，依序记忆各个课题里面的知识内容，回忆起其中的概念、性质、法则、公式、数量关系和解题方法等。在忆的过程中，可以边忆边把知识要点记在草稿纸上，以加深印象。忆不起时再翻看有关内容。

说，就是在独立回顾、记忆一番后，几人一组，共同述说各个章节的基础知识、重点内容以及知识间的联系与区别等，以此起到相互启发、相互补充、相互完善的作用。讲的人固然印象深刻，听的人等于又重温了一次。

写，可先默写目录内容，看看自己是否记住了教材的主要内容。再用书画形式整理知识梗概，辨析易混知识，叙述学习的方法和体会。

注意，写时不一定要机械地默写目录上的标题，可以加上自己的归纳和总结，基本内容不错、不漏即可。例如，人教版八年级《物理》课本第九章为"力和运动"。目录如下：

①牛顿第一定律。

②惯性及惯性现象。

③二力平衡。

④摩擦力。

阅读材料：牛顿的故事汽车刹车之后

小实验：筷子提米巧找重心

在默写的时候不妨这样处理：

①牛顿第一定律是指……（略）

②惯性是指……（略），惯性现象有……（略）

③二力平衡，二力是指……（略），平衡是指……（略）

④摩擦力是指……（略）

⑤典型题有……（略）

⑥其他要记的地方……（略）

请看，这么写一遍，印象是很深刻的，效果也是很好的。

实际上，会读书的人都很看重目录，善读书的人都很善用目录。以往我们对目录似乎重视不够，正如有些教师所指出的："究其原因，就是小看了目录的作用。"

（3）利用图表加深对课文的理解

可以说，不管是哪一门科目，在教材中几乎每一页都不会是纯粹的文字叙述，而是在文字中穿插一定的图表。图表不仅受作者的喜爱，同时也深受老师和同学们的"爱戴"。因为它具有简明、生动、形象、易读等特点，它能把文字与数字具体化，把抽象的概念形象化。

而且，这些图表并不是独立存在的，往往与许多文字相互联系着。事实上，在教材里，有很多图表是用来解析、说明课本内容的。例如，在地理学习的过程中，在讲述"中国行政区域划分"这个知识点时，教材内容旁边必然会有一张缩小的中国地图，这样对照着图来看内容，非常容易记忆。如果光是靠思维凭空想象，效果一定不会很好。

还有，在学习生物知识时，讲到细胞分裂这个知识点，如果旁边没有细胞分裂图，那么即使看无数遍的书，或者是老师讲得口干舌燥，我们也未必会真的懂了。而有可供参看的图片，我们就会学得更快，老师讲授也不用那么吃力。

物理课也是如此，当讲到水能和风能的利用时，里面就涉及水磨和风力发动机，而我们身边又没有这种实物。怎么办呢？看书上的插图，再通过进一步的联想，这个知识点就很容易掌握了。

当然，除了地理、生物和物理课程之外，其他科目的学习也可将插图、表与课文有机地结合起来，以加深理解。

把图表和文字联系起来还有一个好处，就是在日后记忆的时候，只要想起了其中的一部分，另外一部分自然而然地也会记起来。比如我们看到一张描绘圆明园的图片，就会回忆起八国联军侵华这一事件，进而再回想起八国联军侵华的目的、他们在中国干了些什么以及事件的结果等内容。这样，知识就得到了进一步的巩固。

怎样选择和使用参考书

除了课本之外，我们还要学会利用参考书。那么如何选择参考书呢？

参考书又叫教辅书，即教学辅助读物，是学习不可或缺的助手。在复习功课的时候看点参考书，对增加所学知识的广度和深度，具有一定的好处。对学有余力的同学来讲，尤其是这样。有人曾经把教材形象地比作人体的骨骼，而参考书则是人体的血肉。

目前市场上各种各样的参考书相当多，有的同学认为这些参考书没几本好的，不屑一顾；有的同学却又相反，认为参考书比教科书高明、好用，这都有失片面。实事求是地说，参考书中，确有精品，也确有糟粕，关键看你有无眼光，将那些真正下了功夫的，适合自己的参考书，从书山中找出来。在挑选参考书时，一定要记住：适合自己才有用，不要跟风，别人买什么你也买什么。书买回后，一定要用。书是买来用的，而非摆在那儿好看。用时要不断摸索经验，有些书要从头到尾细看，有些书翻翻即可，有些书甚至可剪开贴到自己的笔记本上去。一句话，怎么对自己有帮助就怎么用，没有什么固定模式。

以优异成绩考入北京广播学院的柴玉玲同学，对这个问题颇有心得。她认为，参考书简直是高三学生的"掌上明珠"。许多同学甚至对它很迷信，有的人甚至自认为找到一本好参考书便遮遮掩掩，生怕别人也有，这种做法会极大地影响同学间的感情，其实也是大可不必的。据她所知，北京每个区（如海淀、西城等区）都有自己的题库，老师出书所举的题目大都是从那里得来，甚至有些不负责的老师仅从别的参考书中成片摘录，所以内容上不会相差太远。她在上高三时也曾买了很多参考书，后来发现浪费了很多，通常在书店都被装帧精美的参考书吸引，耳边又响起家长"别在买书上省钱"的话，便"满载而归"。可细想想，哪有那么多时间做参考题呢？后来同学们聊天交流经验，又向老师咨询，总结出以下几条选参考书的原则。

第一个原则：新。看到书后先要翻看第一版日期，如果它是两三年前的则当机立断，放弃掉。参考书多如牛毛，找"新出炉"的还不容易？新书的题型都是新编或从旧书中提炼的典型或热门的题中摘录的，其价值比旧书大得多。

第二个原则：看编者。最好是名师。现在许多书都冠以"名师导读"一类的标题，该老师是不是名师，水分可就大了。柴玉玲同学说，她上高中时一直坚持上物理、化学的奥校和提高班，因此对市里的名师略知一二。这样选书时心里有个数，对于拿不准的，不妨去问问自己的老师，请老师帮忙出出主意。

第三个原则：找当前需要的书。参考书忌提前预备，一定得像看中医——对症下药。高三初期一般是知识的系统复习阶段，可以选择知识归纳多些的书，掌握知识结构。这种书有一本足矣，课后辅以少量习题，学习目的便可达到。到了高三中后期，纵向学习完成，重点变成了熟练掌握和综合运用，这时可以买一两本习题集，课余时间练练手。这种书最好是做完一本再买一本，否则积一堆未做的题，一看就头晕，还不够烦的呢！再说家长挣钱不容易，钱得用在刀刃上。

有了这几个原则，相信可以找到适合自己的书。

现在各类参考书、习题集种类繁多，让人目不暇接。许多同学以为多做

练习有益无害，于是便进入无休止的"题海战术"中。其实，选择多种参考书，搞"题海战术"，这是一个极大的误区。倘若是已经掌握了扎实的学习基础，多做几本习题集，确实没有什么坏处。但是我们大家都还在学习基础知识的阶段，毫无选择地进行题海训练，很有可能引起思维的混乱。多做、乱做不仅不能帮助同学们更好地理解和消化知识，反而会因体系杂乱而影响了自己的认识。

再者，我们使用参考书，还应该注意一个"质"和"量"的关系。适量的课外习题训练能够使学习达到一种质的飞跃，而一味追求量则可能会引起精神上的疲劳以及负面影响，严重者甚至会一看到参考书就反胃。因此，我们要正确使用参考书。

（1）把参考书与课本结合起来用

有的同学喜欢把参考书与课本截然分割开来；有的同学看到参考书某一段讲得比课本还明白透彻，就看不起课本，从而产生了"喜新厌旧"的心理。

这些都是同学们在使用参考书时的误区。其实，这种做法是错误的。课本是"本"，参考书是围绕着课本而演变的，它即使再好，起到的也只是辅助作用。而且，若把知识分割开来各成一家，就很难形成"战斗力"，只有彼此联系起来，成为一家，才能真正做到"知识就是力量"。

所以，要用好参考书，就必须把参考书与课本结合起来用。具体怎么做呢？参考书上有精彩的地方，可以抄下来，夹在课本的相应之处，这样做就和课本联系起来了。而在参考书上做题无法顺利进行的时候，翻开课本看看基础知识点，说不定问题就能迎刃而解了。

（2）先删后做，先做后想

在某年级组织的学习经验交流大会上，一位成绩出类拔萃的同学向在座的同伴们介绍了他是如何使用参考书的：

"我在做题，尤其是数理化时，一般是先看，看什么呢？看那些太简单或无意义的题，而这些题基本都被我删掉了。删完之后，我再从头用最快的速度做一遍，太难的就先放着不做。过几天，我再花时间把前面做过的错题和难题好好做一遍。如果还有做不出来的，我还是把它放在一边，等有空的时候再拿出来想，实在做不出来，才去找同学讨论解决或者是直接向老师请教。

"此种方法，我觉得非常有效。通过先删后做、先做后想这两个步骤，我达到了三个目的：第一，熟悉了原本不熟悉的解题方式和出题思路；第二，对容易出错的知识点也认识得更清楚；第三，不仅大大节省了时间，还提高了效率。"

要用好参考书，我们也可以借鉴这位同学的方法，即分两步走：第一步，先把参考书中不必做的题删掉，然后再做没有删掉的；第二步，先尽力去做题，做完后再仔细思考较难的题。

（3）几科教辅书穿插着用

与课程同步型参考书，应与课本平行着用。对习题型参考书，应是集中地用，即学完某一单元或某一册书后，集中做。对思维方法、解题技巧型参考书，应穿插着用，即经常翻阅，每一次都会有新的收获的。对竞赛型参考书，则应超前地用，因为这些竞赛题，一般来讲与课本内容无太大关系，属超前学习。

（4）吃透一本参考书

好的参考书不是认真读一遍就可以了，要完全吃透其中的内容，就应该读上两遍、三遍，甚至四遍。因为在不同的复习阶段，随着自己知识水平和理解能力的提升，收获也会不同。当然，花在第二遍与第三遍上的时间和精力，大可不必与第一遍平分秋色，第二遍是突出重点和难点的回顾，第三遍是做系统的回顾，这应该不失为一种合理的办法。

如果你能把参考书里出现过的题型、总结的规律都熟记于心，做到一看到类似的题目马上能反应出答案，那么这就说明你已经真正地吃透这本参考书了。

怎样利用计算机学习

计算机网络时代的到来，影响了整个人类的生存状态。网络以其亦真亦幻的虚拟现象、信息资源共享、快捷的界面操作和引人入胜的刺激情境，展示了美好的数字化乐园。精彩的网络世界远远不只是用于消遣和娱乐的，它在教育、科研、生产与生活方面都具有无穷的魅力，它把人们引入浩瀚的知识海洋。这样一个五彩缤纷的世界，怎么能不吸引青少年的好奇心呢？

一份调查显示，在中国的网民中，学生占了很大的比例，但是真正用来学习的又有几个呢？大部分的学生用电脑的目的还是玩游戏、上网聊天。当然利用它们来娱乐和休闲是可以的，但作为学生来说，主要的目的还是学习。利用计算机和网络提供的资源，同学们不仅可以好好地学习书本上的知识和老师教的知识，还可以接触大千世界，学习书本上没有的但是将来社会所必需的知识。

那么我们如何利用计算机来学习呢？

（1）学习学校知识

同学们可以依靠计算机来学习学校知识。当然，这需要大量的教育软件来支撑。目前，我们国家的教育系统已经研制了一些软件，比如中学数学学习软件、中学英语学习软件、"的、地、得用法"软件等，这些软件设计得都非常直观生动，可以改变上课学习的单调和枯燥，使你更加愉快地接收知识。只要把这些软件装入自己的计算机，就可以按照计算机的提示来学习了。

（2）学习计算机知识

如今的计算机作为我们学习和工作必不可少的工具，我们利用计算机可以做很多工作。办公室里的各种文件操作离不开Windows操作系统，科学研究离不开计算机，大型的工程离不开计算机，总之，计算机已经成为我们工作中必不可少的工具。同学们可以学习各种软件的操作，为将来的工作打下基础。这并不是不可能的事情，例如，现在有的学生做的Flash动画非常形象逼真，有的学生已经熟练地掌握了网页的制作方法，而且做得非常漂亮——有一个能代表自己个性和特点的网页，你不觉得是件很幸福的事情吗？

（3）完成课后作业，制作学习课件

同学们可以在计算机上写作业了，在这里可以随意地修改，非常方便。我们有些课可能需要很形象的动画，有些课的实验过程需要计算机模拟出来，你可以自己动手进行操作，既学习了技术，又加深了对知识的理解，一举两得，何乐而不为呢？与互联网相比，单台计算机的资源就非常有限了。当我们使用的计算机通过网络与世界上成千上万台计算机连接起来后，它就给我们带来了一种全新的学习。在某种意义上，互联网就是一个大课堂。在这个课堂里，同学们没有统一的课本，没有固定的教师，有的却是充满挑战和创造性的学习机会。

利用计算机学习，不仅能够学习课堂上的知识，更重要的是学习信息处理的方法、培养科学素养以及交流、适应的能力。

总之，计算机和互联网络为你的学习提供了新的空间，你应该充分利用这个空间提高自己的学习能力，培养良好的科学素养，以便更好地适应未来社会。

怎样使用工具书

工具书包括汉语词典、英汉词典、汉英词典、题典、地图册、手册、百科全书、统计资料以及相应的光盘等。

工具书，一般有以下几个特点。

首先，所收信息权威化。如《现代汉语词典》，所收条目，包括字、词、词组、熟语、成语等达5万多条，是目前最权威的汉语工具书之一。

其次，所收信息密集化。某一方面的工具书，往往是该方面信息最集中

的体现。如《中学化学典型题解析大典》，收题1600多道，相关考题几乎被一网打尽。

最后，所收信息有序化。工具书之所以被称为"工具"，原因之一就在于检索方便。如《高中数理化基础知识备查手册》，不论是按年级还是分学科，均可一检即得，十分方便。

当然，工具书也有其先天的不足。这主要反映在其内容往往有些滞后。工具书编撰的周期长，修订一次不易，因此内容上有些滞后，也是可以理解的。同学们在使用时，一定要寻找最新版本，并注意询问有无增订本、修订本。

工具书是无言的老师，是权威的老师，是随时随地可以请教的老师。善于使用工具书查到所需要的资料是会学习的重要表现。提高这方面的能力不仅对在校学习有利，而且毕业以后显得更加重要。所以，一定要学会使用各类工具书。

一位中学语文老师，在同学们入学之初就规定：每天必须把《现代汉语词典》放在书包里，不管课内外，遇到不会的字、词随手就查。开始同学们不习惯，但是时间久了，大家就尝到了甜头。半年之后，同学们掌握了不少原来不会的字、词，既没有占用多少时间，又养成了随手使用工具书的习惯。这些同学直到中学毕业以后，一直都保持遇到不会的字、词马上查字典的习惯。

在英语阅读过程中遇到生词是非常常见的，这个时候很多同学往往都用文曲星或者比较简单的小词典来查，然后在单词旁边简单地标上汉语意思。这只是一种比较直接、简单的英语学习法。其实，遇到生词用英汉对照的纸质词典查阅会更为有效，比如像《牛津高阶英汉双解词典》或者朗文等英汉词典，这些词典里面都既有汉语解释也有英语解释，查阅的时候我们可以更多关注单词的英语解释。由于我们在看英语解释的时候本身就是在用英语进行思维，因而这种方法有助于加强我们的语感，训练我们的英语思维能力，对辨别近义词的细微差别，提高完形填空答题水平特别有效。

怎样整理和应用平时的试卷

相对于小学来说，中学时学科的增加和学习任务的加重，造成了平时考试和测验数量的增多。主科考，副科也考；期中，期末考，章节学习结束也要考；本校的卷子要做，外校甚至外地的卷子也要做。因此每学期下来，每一位同学手里都会有数量繁多的各类试卷。对于那些善于学习的同学来说，他们早就养成了重视每次考试、善用每张试卷的好习惯。这里的重视，并不是指对考试分数、名次的看重，而是对这些试卷的妥善管理和高效利用。

那么，如何管理并利用好这些卷子呢？有一个方法就是：将所有的卷子整理成"卷宗"。

"卷宗"，是借用档案学的一个名词。你应该如同管理机要档案一样管理你的卷子。这需要做以下几步工作。

第一步，每学期末将所有卷子分科一张一张整理好，缺的可以找老师要或找同学借了复印，尽量补齐，以保证"卷宗"的完整性。

第二步，如果愿意花点钱，可以去买回现成的文件夹；如果不愿意花钱，可以自己动手给每个"卷宗"做个封皮。

第三步，为每个"卷宗"做一个目录，放在每一"卷宗"的首页。如果是自己做的封皮，甚至可以贴在封面上。举一个例子：

初二数学卷子目录

①入学考试卷⋯⋯⋯⋯3月5日，87分。

②三月月考卷⋯⋯⋯⋯3月24日，91分。

③期中考试卷⋯⋯⋯⋯4月22日，92分。

④代数复习卷⋯⋯⋯⋯5月8日，86分。

⑤几何复习卷⋯⋯⋯⋯5月27日，88分。

⑥五月月考卷⋯⋯⋯⋯5月31日，90分。

⑦总复习卷之一…………6月7日，90分。

⑧总复习卷之二…………6月22日，89分。

⑨总复习卷之三…………7月2日，91分。

⑩期末考试卷…………7月14日，92分。

请看，目录部分至少应包括顺序号、试卷名称、日期和成绩等。如此看来，一目了然。

同学们手中的各种测试卷和模拟试题都是经过老师精心挑选和设计的，上面的试题都紧扣所学过的知识的重点，而且具有典型意义，很具有参考价值。所以，同学们要充分利用好旧试卷，提高能力，找出考试获胜的秘诀。

首先，同学们可以通过阅读旧试卷，找出知识要点。一般来说，测试试卷是对同学们在一定时间内学习的重点知识的考查，它所涉及的大多数是知识的重点。同学们在翻阅这些试卷的时候，就要特别留意老师所讲的重点题目或者重点方面。

其次，将多份测试题系统化。测试试卷表面上是孤立的，实际上是相互联系的，比如知识点上的联系、解题方法上的联系等。当同学们将各试卷的内容串联起来时，就会发现，我们拥有了一本"薄课本"。

再次，在整理试卷中发现和弥补知识缺陷。测试试卷毕竟是有所侧重，不可能面面俱到。在整理试卷内容的过程中，同学们可以尝试回忆与这份试卷内容相关的知识，发现有模糊的地方，就迅速地查阅资料，弥补不足。同学们还可以在试卷中找到自己掌握不够的方面。

最后，在试卷中透视考试的题型。一般来说，考试的题型都大同小异，如语文的，大体上都是选择题、诗词默写、古文常识、现代文阅读、作文等。我们可以通过测试试卷获悉考试的主要题型，从而在复习的时候有所侧重。同时，我们要学会收集典型题目，从不同的角度解答这个题目，或者联想其他的解题方法。这样，复习起来就便捷多了。

在临考复习阶段，旧试卷也是同学们考试的宝贝，它的作用丝毫不逊色于笔记。同学们要充分利用好这一资源，努力提高自己。

很多同学对试卷的整理根本就不重视，一方面是因为一直就没养成及时整理的好习惯，另一方面是因为实在过于忙碌，没有时间去细心地整理。在这里需提醒大家，试卷的整理工作要及早进行，因为随着高考的临近，试卷的数量会越来越"惊人"，到那个时候你再想整理，可就费时费力了。我们要清楚地认识到，做完一张试卷仅仅算是完成一半的工作，而对试卷上的内容进行归纳总结才是最重要的。

如何与老师沟通

老师和学生好像是矛盾的双方：老师教学生，管学生，这是天经地义的；学生听老师的话，怕老师好像也是正常的。但在现实生活中，良好的师生关系不一定是学生非要怕老师。从学生这个角度，你想把本学科的知识学好、学深、学透吗？那不仅是要先熟悉教科书、参考书，更重要的是要熟悉老师。当你到了新的环境，面对新教科书和新老师的时候，怎样去熟悉老师并和老师沟通呢？

和老师的沟通主要有以下几个环节。

（1）在课堂上

老师走进教室站在你面前，给你的第一感觉是体貌、语言和情感，这是和老师沟通的开始。你听老师讲课也是一种沟通。在课堂上要注意老师提出的要求，积极大胆地回答老师提出的问题。别怕错，别怕人家笑话，会多少就答多少。因为所有老师都有一个习惯，最喜欢认真听讲、积极发言的学生。所以，要通过你在课堂上积极发言回答问题，来引起老师对你的注意。然后，当老师讲完课的时候，你有什么问题再向老师提出来。这样老师熟悉了你，你既解决了疑难问题，也熟悉了老师。这是你与老师沟通的开始。

（2）在课余时间

学生与老师的沟通与成年人的相互沟通不一样。成年人相互沟通主要表现在了解工作，谈论家常和时事政治等。学生与老师的沟通，主要表现在你能

向老师提出一些问题，或者帮老师做些力所能及的事。关于这一点，时常听一些学生反映，说老师偏向学习好的学生。其实不是老师偏心，而是一些学习好的学生总愿意围着老师问这问那。这样时间长了加深了师生之间的感情，这些学生还学习了不少的知识。所以，在课余时间多和老师在一起，不但和老师的关系近了，更重要的是你的学习成绩会大大提高。

（3）在课外和校外

比如，在放学和上学的路上看见老师，边走边与老师交谈，借此机会征求一下老师对你学习上的建议。如果方便的话，还可以到老师家，你就像在自己家帮助妈妈做家务活一样，帮老师做点力所能及的家务活。这样，可以更进一步地增进学生和老师的感情。

如何与同学交往

学习专家发现，凡是在高考中取得好成绩的同学，80%以上与同学相处较好。但也确有部分同学，与同学的关系比较紧张。对此北京大学李向阳同学的经验是：大胆与开放。他说：

"与同学交往，首先要大胆。在这些学习繁忙的阶段，与同学交心的机会也许会明显减少。当你想找一个人说说心里话的时候，总会想到别人是否很忙，是否会耽误了别人的时间。其实交流是双方都需要的，而如果都怕影响了对方的学习，那就不太妙了。因此我建议你大胆地说出来！据我的经验，其结果往往是正中对方（一定是好朋友）心坎！对此我有一个观点：正是因为更忙了，才需要这些朋友间的交流；而不是因为更忙了，就减少甚至放弃与人交流的机会。

"与同学交往，心态要开放。有的同学，特别是学习不太突出、自认为不太受老师重视的同学，往往产生一种对好同学的忌妒心理或者怀疑。向学习好的同学问问题时，如果这位同学刚好也不会而不能回答，那他就会认为这位同学太小气，不肯将方法告诉别人。其实不论别人心里是怎么想的，你生一肚子气又有什么用呢？况且我在北大所见的各省市精英们往往都有一种开阔的胸怀，不肯告诉别人的极少。拿我自己的经历来说吧，我高中时候数学很突出，因此我的周围全部是班里面数学成绩不是很理想的同学，每天我都要应付他们的许多问题，但是我从来不会推辞，因为我觉得这是一种互惠，我在帮别人解答问题时自己也有许多收获，特别是他们有时候会找出各种各样的题型，甚至还有让我束手无策的，遇到这种情况我不但不会觉得没面子，反而感谢他们为我找出了我学习中的漏洞！"

学习中，既要选择好自己的竞争伙伴，又要相信自己的能力和努力，防止进入因过分在意别人而对自己产生怀疑的心理误区。有的学生在竞争时过分注意别人在学什么、在干什么，甚至连对方的一举一动都放在心上，但却不能对自己的学习集中精力，甚至对自己的学习方法和作息时间产生怀疑，这就无法发挥竞争的积极作用了。

同学之间要注意及时沟通，坦诚相待。在平常的学习竞争中有时的确会出现同学之间的误解或尴尬的局面，这时就需要大家及时沟通，相互之间不要太敏感，不要猜疑，而要真诚地和对方讲明事情的原委。只要大家都是向着一个相互激励、共同提高的共同目标努力，相信一定会相互理解的。

怎样面对父母的期望

许多父母对自己的孩子期望值很高，希望他们能考上名牌大学。面对这样的期望，我们怎样办？

（1）理解父母

对家长来说，谁都希望自己的孩子能升入好的高等学校。父母经常过问孩子的学习情况，对孩子的生活无微不至地关照。而且大多数做父母的都希望自己未能实现的理想、愿望能够在儿女身上实现。作为学生来说，不应该计较

父母的语言、态度、方式及方法，更不应该延伸到"如果考不上将会怎么办"这样的问题上。应该理解父母对自己的期望。反之，如果在高考紧张复习阶段，做父母的对孩子漠不关心、不闻不问，孩子的心情恐怕也不会好。

（2）与父母沟通，化压力为动力

家长、老师希望学生在学业上取得优异成绩，这是推动学生努力学习的外在动机；学生希望自己获得知识，希望自己能够升入高等学府学习，这是推动学生学习的内在动机。实践证明：二者如能很好地协调，使内在动机和外在动机结合起来，会取得最佳的效果；反之，两者不能协调，学生就会感到父母给自己的压力过大，感到紧张。这时，学生可以有意识地与父母聊天，告诉父母自己的真实想法，和父母达成共识之后，学生就会感到轻松多了。所以，学会与父母沟通，是减轻压力的有效方法。

（3）制订切实可行的复习计划

根据自己的实际情况，制订一个切实可行的复习计划，有效地进行复习。另外，还可以主动请家长对自己进行监督，检查复习计划的执行情况。这样，考试前的紧张和压力也可以大大缓解。而许多考生达不到父母的要求，并不是目标过高、能力不足所致，而是缺乏一个切实可行的复习计划。因此，面对父母的期望，要学会制订恰当的复习计划。

（4）理解父母

由于时代的发展变化，上一代人与下一代人之间在价值取向、思维方式等方面都存在着差异，甚至有矛盾和冲突。这些差异造成父母与子女之间难以互相沟通和理解。这就是人们所说的"代沟"。

另一方面，中学生心理发展尚未达到一个完全的独立自主的成年水平，却往往片面追求独立自主，偏激地理解独立性，过于看重自我而目中无人；缺乏足够的理智程度，多感情用事，不能以积极主动的合作态度向父母展示自己的内心，却以赌气似的闭锁、对着干、沉默、不理睬为武器，使矛盾日益激化和加深，隔阂更加扩大。

因此，唯一有效的办法是不再相互埋怨，也无须自我戒备，而是尽力求得彼此的理解和融合，特别是孩子应更多地理解和体谅父母，尊重和关怀父母，向父母敞开自己的内心，开诚布公地与父母交谈几次，相信一定能互相沟通和互相理解，从而除去心头的阴影。

感受父母的爱心，是改善父母与子女关系的至关重要的一环。父母对子女的爱是天底下最无私、最真诚和最伟大的一种爱，父母的情怀如"投我以木瓜，报之以琼琚"一般。只要你将自己内心的痛苦与欢乐、思想与感情、理想与志趣、爱与恨统统对父母讲出来，他们定会被你的至诚感动，因此也更加了解你，关心你，竭诚尽智地去理解你、尊重你，甘愿做你起飞腾达的铺路石而奉献出一切。只有真正体验到这份爱心才能化解你的苦恼。

第二章　制订必要的
学习计划

学习计划十分重要

不管做什么事情，如果事先有了精细的打算，往往就能取得好的结果。学习更不例外。因此，制订合理的学习计划，对我们搞好学习是非常重要的。它不仅有利于促进学习目标的实现，而且有利于在实施学习计划的过程中，锻炼自己的意志，养成良好的学习习惯。同时，学习计划还有助于科学地组织各项学习任务、节约时间、提高学习效率，把自己培养成为能够独立、有条不紊地安排学习、生活和工作的人。

有些同学贪玩，学习时松时紧，很被动。要改变这种状况，最好的办法，就是要加强学习的计划性，变被动学习为主动学习。

如果观察一下这些贪玩的同学，就会发现，在他们自由支配的时间里，所进行的活动完全凭兴趣，带有很大的盲目性、随意性。放学后，如果打篮球或乒乓球，天不黑不散，不尽兴不归；回到家，看看这个，摸摸那个，看几页书又去玩游戏，要不干脆上网、聊天。有的同学在路边看来往的汽车、行人，作业总要从下午拖到晚上；晚上，电视机一开，又要找些理由来看电视。还有的学生学习完全凭自己的兴趣和心境，高兴了就多学点，不高兴了就把书扔到一边去，或者拿起物理书想到数学还没复习，做着化学题又惦记着外语还没有背诵。这样的学生既缺少明确的学习目标，又没有切实可行的学习计划，学习处于忙乱状态，效率不高。这些同学关键是没有自己的计划，不知道自己要做什么；或者有计划但是没有认真执行。

要想高效、科学地学习，就一定要制订合理的学习计划。

学习计划有什么作用呢？

（1）激发学习热情

一位特级教师说得好："如果一个学生没有了希望，也就没有了勇气；没有了目标，也就没有了动力。"有了学习计划，就有了一个为之奋斗的蓝

图，使自己行动有依据，努力有方向，心中充满希望，这对一个人的鼓舞是难以估量的。如有一位同学针对自己外语基础差的现状，提出每天掌握5个单词的目标，当他看到在自己的努力之下，目标变为现实，外语成绩直线提高，感到前所未有的快乐，这促使他更自觉地执行计划，使学习进入良性循环的轨道。

（2）磨炼学习意志和毅力

在执行计划的过程中，经常会遇到一些意外的情况，为了保证计划实施，就要努力排除各种干扰和诱惑。如三九寒冬要强迫自己从温暖的被窝里爬出来；球打到最高兴的时候要舍得立即放下球拍；当天的作业没完成时，再吸引人的电视节目也不要去看。在这个过程中，考验和磨炼了意志和毅力。

（3）养成良好的学习习惯

按照心理学家的研究与实验，人们要把某种行为形成一种习惯，大约需要21天。制订和执行一个科学而周密的计划有利于初步养成良好的学习和生活习惯，提高独立组织自己学习任务的能力，成为学习、生活、工作都十分有条理的人。按照科学的学习计划办事，就会使学习生活节奏分明，一旦形成了条件反射，到那时，就不用再为每一个具体学习行动付出意志上的努力了。按时起床，按时睡觉，到时候就自觉地坐下来学习，很快地便能进入学习的境界，而且会逐渐形成习惯。可以说，良好学习习惯的形成是离不开学习计划的。也可以说，科学的学习计划和坚强的意志是良好学习习惯的基础。

（4）提高学习效率

一份好的计划能使时间安排得更合理。做什么，做多少，先做啥，后做啥，具体步骤，计划中全有了，无须观望犹豫，避免走弯路，从而促进学习效率的提高。计划性强的同学每一步干什么心中很明确，不用临时动脑筋，费时间去想，也不用为决定下面究竟干什么事而犹豫不定。缺乏计划性的同学，一旦坐下来，还要为干什么事而考虑半天，这也是一种时间上的浪费。一个学习有计划的同学知道自己多玩一个小时、多聊一个小时，将会使计划中的哪项任务完不成，而这必将直接影响到学习目标的实现。所以，他们对时间是很珍惜的，不会去轻易浪费时间。

既然制订学习计划有这么多好处，就应当尝试一下。其实，订计划也不见得一定要写出来，能够记住就行。有的同学书面计划订了不少，可只是一时头脑发热，根本没往心里去，这和没有制订计划并无多大的区别。

怎样制订学习计划

制订计划主要是针对自己的课余时间而言的。学生在校学习有明确的作息时间和课时安排，这一部分时间是不用同学们去安排的，只要严格地按照各项学习规范和要求去做，就会有好的效果。最关键的还是课余时间的安排和利用。一天利用半小时，或是一天浪费半小时，几天之内并不显眼，但几年下来，定会泾渭分明。正如达尔文所说的："我从来不认为半小时是微不足道的一段时间。"在积累的问题上应该记住这样的道理：聚沙成塔，集腋成裘。因此，制订学习计划，必须从科学、合理地利用课余时间入手。

（1）计划要考虑全面

学习计划自然要多考虑学习的具体安排，但学习毕竟只是我们生活的一部分内容，我们不可能除了课内学习以外，将课余的一切时间仍然全部安排于学习。其他活动无论从好的方面还是坏的方面，都会给学习造成影响。因此，在制订学习计划时，必须将学习与其他各项活动统筹安排，除了学习、吃饭、睡觉等内容不可少外，应该把娱乐和锻炼时间也计算在内，另外，也别忘了给自己留一点与朋友和家人谈天的时间，看电视和欣赏音乐的时间。一天的活动富有变化，各有固定的时间和步骤，过一种健康、有规律的生活，这是有效学习的基础。

（2）安排好常规学习时间和自由学习时间

有时候，表面上看学习时间不少，但真正归自己支配的学习时间却很少，为什么呢？因为老师布置的学习任务太多。相反的情况当然也存在，即表面上看学习时间并不多，但基本上可以由自己安排，原因是老师布置的学习任

务比较少，那么就更需要我们很好地安排学习时间了。这时，我们可以把除上课以外的学习时间分为两大部分。

①常规学习时间，主要用来完成老师当天布置的学习任务，"消化"当天所学的知识。在常规学习时间内的学习有几个特点：首先，学习内容是最基本的，在这部分时间内，学习质量的高低直接关系到课堂学习的质量；其次，学习的任务是具体的，主要是由老师安排的，不必自己去安排；最后，带点强制性，就是学习任务完成与否，完成得好不好，是要接受老师检查的。由于上述三个特点，所以一般在常规学习时间内，学习的效率还是比较高的。

②自由学习时间，指的是完成了老师布置的学习任务之后，所剩下的归自己支配的学习时间，这正是学习计划中要做出具体安排的时间。

怎样安排这部分自由学习时间呢？在这期间一般可以做两件事：一补课，二提高。

补课，是指弥补自己学习中的欠缺；提高，是指深入钻研，发挥自己的学习优势或特长。不管是补课还是提高，总要围绕一个专题进行。例如，集中一个月或一周的自由学习时间专攻一个专题，解决一个专题后，再集中一段时间专攻第二个专题、第三个专题，这样学习比较容易见效。

自由学习时间内的学习效果对改变学习现状具有重大作用，因此，自由学习时间的安排应当成为制订学习计划的重点。

（3）长计划和短安排要结合好

在一段比较长的时间内究竟学些什么，应当有大致的计划。但是，由于实际的学习生活千变万化，往往不好预测，所以长远的计划不能订得太具体，很难在这个月就把下个月每天干什么全都确定下来。但是，下个月在学习上应该解决哪几个主要问题，心中应当有数。而本月的第一个星期要解决什么问题，第一个星期每天干什么，就应当制订得具体些。这样，就把在一个较长时间内才能完成的学习任务分到每周、每天去了。这样安排以后，在每天学习时，心中就会明白当天的学习任务在学习全局中的地位。

有了具体的短安排计划，长远计划中的任务就可以逐步得到实现，有了长远计划，又可以在完成具体学习任务时，心中有了明确的学习目标。

　　例如，有一个高中生化学学习成绩一直不好，原因是初中的化学没学好，他下决心要把初中化学补上。为此，他在学习时间上做了如下的安排：每天抓紧时间先完成老师当天布置的学习任务，在完成当天学习任务的基础上，每天起码要挤出一个小时，系统地复习初中化学。在这里，他把学习时间鲜明地分成了常规学习时间和自由学习时间两部分。

　　在自由学习时间内，他又把初中化学的五章内容分配到六个星期中去完成，平均每周完成一章左右。每周开始时，又把每章的各节内容大致分到了每一天，使每天应完成的内容很具体。这样一来，心中就十分明确每天在自由时间内要完成什么学习任务，增强了学习的紧迫感。为了保证拿出充足的自由时间来补习化学，他在常规学习时间内的学习效率也提高了。一个半月后，他的化学学习成绩有了明显的提高。

　　可见，恰当划分常规学习时间和自由学习时间，在自由学习时间内做到长计划短安排的有机结合，并坚持下去，计划中确定的学习目标就可以比较顺利地实现。

　　（4）要从学习实际出发

　　在制订学习计划时，不要脱离学习的实际情况。不少学生在制订学习计划时劲头很足，但往往忽略了实际情况，结果实行起来感到困难重重，十分紧张。

　　什么是学习的实际情况呢？

　　一是自己将要掌握的知识和能力是什么。例如，在这个月的学习计划中要接受和消化多少知识？要着重培养哪些能力？

　　二是学习时间的多少。在每个学习阶段，能有多少切实可用的学习时间？常规学习时间可以安排多少？自由学习时间可以安排多少？

　　三是学习上的缺欠和漏洞。自己在学习上欠的"债"是哪些？在某一阶段的学习计划中可以偿还多少"欠债"？

　　四是老师教学的实际进度。不了解教学的进度，常规学习时间就不好安排，自由学习时间就更难以安排了。很多学生个人学习计划的"破产"，就是因为不了解老师教学的实际进度，因而使自己安排的学习任务不是过重就是过

轻，还会出现自己安排的学习内容和老师的教学内容相脱节的现象。由于个人计划经常被老师的教学安排"冲击"，有的学生还会错误地认为"订个人计划没有用，跟着老师走就行了"，结果使自己的学习缺乏主动性，浪费了大量的学习时间。

（5）要留有余地

计划的具体内容和实施步骤是在学习之前拟订的，是设想，毕竟还不是现实。要想把计划变成现实，还要经过一段时间的努力。在这个过程中，自己的思想可能会发生某些变化，学习的各种条件也可能会发生变化，学习计划订得再实际，也难免出现估计不到的情况。例如，某个阶段有的学科难度大、作业多，这样，计划中的常规学习时间则会增加，自由学习时间则会减少，因而计划中的学习任务就可能完不成。再如，有时集体活动频繁，占用了较多的学习时间，也会影响学习计划的实施，等等。所以为了保证计划的实现，目标不要定得过高，学习计划不要订得太满、太死、太紧，要留有机动时间，在机动时间内安排一些一旦完不成对当时学习影响不大的学习任务，或者说，安排一些时间性不强的学习任务。

由于在学习时间和学习的内容安排上有了一定的伸缩性，就可以适应临时变化的情况，完成计划的可能性也就增加了，这也有利于增强自己的学习信心。

（6）要提高时间的利用率

早晨或晚上，或者说一天学习的开头和结尾时间，可以安排侧重记忆的科目，如外语。心情比较愉快，注意力比较集中的时间，可以安排比较枯燥或自己不太喜欢的科目。零星的、注意力不易集中的时间，可以安排做习题或学习自己最感兴趣的学科。学习活动和适当的文体活动交替安排，文课和理科的学习交替进行，相近的学习内容不要集中安排在一起，等等。由于学习安排的不同，在同样的学习时间内就会取得不同的学习效果。如果按照上面说的原则安排，学习的效果和时间的利用率将会大大增强和提高。

（7）注重效果，及时调整

在计划执行到一定阶段以后，就应当检查一下学习效果如何，以便及时调整计划，使计划更加切实可行。

主要检查以下内容：自己是不是基本按计划做了，计划中的学习任务是否完成了，没有完成的原因是什么。

通过检查，立即采取相应的措施，及时调整计划或排除干扰。可以结合写日记，不断记录计划的执行情况，使自己感受到不断进取的喜悦，这样做还有利于总结和改进。不写日记的同学，起码应在一天结束的时候回忆一下当天的学习生活，以便及时调整学习计划。

总之，科学、切实可行并认真执行的学习计划，必将提高学习效率，增强意志品质，从而对学习的成功越来越有信心，随之而来的是在学习上获得丰收的喜悦。而那些不科学的、脱离实际的、为应付老师而制订的不认真执行的计划，只是一纸空文而已。

根据不同学科制订计划

中学的各门学科都具有自身的特点、规律，我们只有根据自身的情况，"因科制宜"，制订不同学科的学习计划，才能各个击破。

王嘉琪是南京市行知实验中学的一名女生，2006年的中考时她成绩优异，总分644分。不仅如此，她更是有3门喜获满分，分别是英语、化学和历史。

王嘉琪是个很会为自己规划的学生。善于计划，是她取得好成绩的一个重要原因。尤其是在制订学习计划时，能够根据不同学科的特点来单独规划。比如英语，早在初二的时候她就考过了公共英语三级。中考过后，她早早为自己制订了学习计划：每天看一篇文章，做一两套模拟试题，背四五页单词，完成自己的计划后她才让自己做其他事。

由此可见，根据不同学科的特点来制订不同的学习计划，才能达到最佳的效果。北师大第二附中的优等生魏维同学说："因为需要学习的科目很多，

这就要求对各科的学习一定要学会进行科学的安排。不仅要学好语文、数学和英语三门主课，也要努力学好其他各门功课。为此，我采用了培养重点学科，同时带动政治、历史等其他学科的方案。我每天用一定的时间（比如两个小时左右）固定学习英语，扎扎实实打下良好的基础。语文则和英语一样，需要注重平时的积累，所以每天的零碎时间也要分给它一部分。至于政治和历史，也要按照自身情况和各门功课的不同内容进行安排。"

兰州市一位姓赵的家长说，儿子上中学后，数、理、化、生、语、英、史、地、政九门功课，每天拿起这本，又忘了那本，不知如何是好。当家长的看在眼里，急在心里。见书就查，见人就问，终于找到了一个行之有效的分科计划学习法。儿子试用后，效果相当好。这一方法就是每天以一门功课为主，辅以其他2~3门功课。这就好比吃饭，做一道主菜，配上2~3道辅菜。比如：

周一，以语文为主，英、史为辅；

周二，以数学为主，英、生为辅；

周三，以英语为主，语、地为辅；

周四，以物理为主，英、化为辅；

周五，以化学为主，英、政为辅。

英语天天有，是因为英语得天天看，一天都不能丢。

按照这个方法，这位同学的学习一下子就顺了。每天，先把大块时间花在"主菜"上，零散时间看看"配菜"，学习很有规律，很见成效。

因此，要注意：

第一，根据各学科进度及特点，制订全学期学习的总目标和时间安排。

第二，根据自身优势和劣势学科情况，制订各科学习的具体措施和时间安排。

第三，要重视基础学科的学习，例如初中的语文和数学。因为学好这些学科是学好其他学科的基础。

如何执行学习计划

制订计划只是计划学习过程的开始，执行计划才是计划学习的关键。即使我们制订的计划多么科学可行，如果没有执行落实，再好的计划也是没有意义的。执行好一个学习计划，需要抓住以下几点。

（1）自我约束，严格要求

有了执行计划的愿望，还必须要有自我约束、严格执行的行动措施。强有力的自我控制能力是执行学习计划的保证，这主要体现在严格执行学习计划上。要使目标能得以实现，我们必须确保自己的行动雷打不动、天天如此。如著名画家齐白石，他给自己规定每天要作一幅画。在他过90岁生日的时候，因为人忙事多，没有时间作画，第二天就多画一幅补上。正是雷打不动的行动准则才造就了他那炉火纯青的画艺。

（2）养成习惯，自觉执行

在明确了自己学习的动机，认识到计划学习的重要性以后，我们就能不断激发学习的主动性和积极性，从而达到自觉执行学习计划的境界。执行计划的自觉性源于学习的主动性和积极性，学习的主动性、积极性越高，执行计划的自觉性就越强。但由于主客观因素的干扰，人的行为自觉性有可能或高或低发生变化，这就要求我们要逐步养成认真执行学习计划的习惯，提高自身的自觉性。

（3）自检自评，注重效果

在执行学习计划的过程中，定期不定期地对执行情况进行自我评价和检查，可以让自己对计划执行的得失有所了解，明确自己制订的学期计划是否科学、合理、可行。如果发现不足之处，能及时调整学习计划，从而提高学习效率。同时，如果计划有效，让人从中体验到计划学习的甜头，则更能激励我们自觉严格地完成学习计划所规定的要求和任务。

(4) 坚持到底，不轻言放弃

在学习过程中，要把一个理想的文字计划转变成实际的学习程序，这中间必定有这样、那样的矛盾。因为学习生活是千变万化的，各种主观的或客观的因素影响学习计划，就要排除干扰、克服困难，绝不轻言放弃，坚持到底就是胜利。

从实践看，往往是奋斗目标越鲜明、越具体，越有益于成功。一个登山运动员之所以能征服高山，是因为顶峰这个目标时刻在他心中。正是这个目标，激励着他战胜常人难以想象的困难，不惜自己的生命，勇敢地向上攀登。一个成功者之所以能取得成就，也是因为他心中固守着一个目标。同样地，一个学习者要攀登学业的高峰，也需要有明确目标的引导和鼓舞。

学习要张弛有度

如今的中学生学习生活越来越紧张，可是学习再忙也要保证一定的休息时间，做到劳逸结合，不然只会让效率更差。有的同学常常熬到深夜，超负荷地学习，这种"拼命三郎"式的学习方式是要不得的。因为这样不但对同学们的身体有害，而且学习效率也会很低，有时候甚至还会起到反作用。

一个人的精力就如同一根弹簧，你如果在它的弹性限度内拉开它，只要手一松，它就会自动弹缩回去，恢复原状。可是如果毫无限度地拉它，超出了弹簧的弹性限度，那么当你再松开手的时候，它就不会再恢复到原状了。

会学习的学生，是很注重劳逸结合的，他们在学习时如果感觉到很累，就会小睡片刻，这样精神状态就会很好。因为，这时睡觉就能够马上进入梦乡，所以睡眠质量很高，可以迅速补足精神。精神补足后，学习效率自然就更高了。在一个学习时段结束后，他们一般会马上离开书桌，去做一些不很剧烈的体育运动或是做一些在上课时不能够做的事情，一定不会懒洋洋地坐在座位上不动，因为这样会影响自己的精神状态，不能高效地投入下个阶段的学习中去。在学校里，最简单的运动方式就是跑楼梯，这样不仅能使大脑得到充分的休息，还培养了自己的体能。

2009年的云南省一个成绩不错的高考考生周伟峰说："我有一个高效学习的秘密就是8-1>8。你们可能会觉得很奇怪，8减1怎么能够大于8呢？因为很多同学每天都花8个小时来读书，其实我就是从这8个小时里抽出1个小时来放松自己，做一些自己喜欢的事情，如听听音乐、做做运动，这样学习的效率往往高于整天埋头看书的效率，能达到事半功倍的效果。"

我们在学习中就应该做到劳逸结合，不能以损害身体健康为代价来求取学习的一时进步。特别是高考，面对这万人争过的独木桥，同学们的压力都相当大。在压力的驱动下，有不少同学就只顾眼前，采取短期行为，不但把各种课余活动的时间都挤掉了，而且还常常开夜车，这是一种相当不理智的做法。因为一个人的精力是有限的，大脑的兴奋也是有周期的，如果一味地延长学习时间，就会降低学习效率，最多得失相当，即使一时有所得，那也是以失去健康为代价的，因为失眠健忘等学习的顽敌常常会随之而来。

其实我们不妨这样做：早上起得稍微早一些，去跑一跑步，或是打一套太极拳，然后冲一杯咖啡。这就会是一个美好的开始！夏天，我们也可以去游泳，这也不失为一项一举多得的好运动。每一节课下课后，都应该走出教室，望一望蓝天白云、绿叶红花，呼吸一下外面的新鲜空气，放松一下自己紧张的神经，这绝对是提高学习效率的好办法。吃饭之后，都应该出去散散步，而不能立刻就去睡觉或是投入学习中去。课余和周末的时间，也可以去打打球，或是看场电影，给紧张的学习生活增添一些小小的乐趣。尤为重要的是，不管学习多么紧张，我们都应该保证充足的睡眠，还要坚持每天有半个小时的午睡时间，科学证明这是最佳的午睡时间。

朱岩岩同学，曾以河北省高考文科不错的成绩考入北京大学外国语学院。他在谈及自己的学习经验时，感触颇深的一点就是劳逸结合的问题。他说自己通常在学累了的时候就听听音乐、看看风景，或者干脆什么都不做，闭目养神。有时候节假日还会和父亲一起骑车去郊游，感受一下远离城市喧嚣的田园风光。这些都使他的身心得到彻底的放松，然后就能精神百倍地重新投入学

习中去，从而大大提高了学习效率。另外，在做累了数学题的时候，背上几个英语单词，或是看上几段名人名言，这也是一种可行的放松形式。高考前夕，有许多同学问他，一般晚上复习到几点钟才睡觉。对此，他也有自己的看法：困了就睡。因为，在精神极度疲劳的情况下如果还硬撑着学习是毫无效率可言的。这时候就应该好好地睡上一觉，以保证第二天上课时能够精力充沛。并且在高考前的总复习阶段，老师上课讲的内容基本上都是精华。上课认真听讲，回去后再好好地进行消化吸收，这样取得的效果可能比你自己花好几倍的时间复习整理、归纳总结还来得好。所以，我们在学习中一定要懂得劳逸结合才是聪明有效的学习方法。

真正的学习是轻松的，轻松的学习是快乐的，只要能够轻松学习，做到劳逸结合，效率定会更高，效果也定会更好。不是有这样一句名言吗？"时间这东西，或许本应该浪费一半、珍惜一半。想想浪费掉的一半，方可领悟生命的乐趣，珍惜剩下的另一半，才能知道生命的意义。"我们认为这句话已然把劳逸结合诠释得淋漓尽致了。

第三章
好成绩来自好习惯

培养良好的学习习惯

我国著名教育家陈鹤琴先生说过："习惯养得好，终生受其益；习惯养不好，终生受其累。"习惯，是后天经过反复练习，逐渐养成的较为稳定、不易改变的行为特征，即人在一定情境下自动地去进行某种行为的特殊倾向。只有使某些行为方式达到自觉化的程度，人才有可能把全部精力集中地用在克服困难、创造性地完成任务等方面。当然，这里指的是良好的学习习惯。

良好的学习习惯，是学习活动顺利进行的保证。如果一个学生没有养成良好的学习习惯，这个学生的学习是不可想象的，学习成绩也一定不会好。实际上，学习习惯对学习成绩的影响是明显的，它是提高学习质量的诸多重要条件之一，是学会学习的一个重要指标。学会学习指个体在以往活动中学到的态度、习惯、方法、学习技能等综合因素再次运用到新的学习情境中，使学习变得容易的能力。

一个养成了良好学习习惯的人，他对学习有一种亲和心理，把学习变成了一种需要，把学习当成了一种乐趣，不学习便难受。一些科学家、文学家、艺术家之所以能在休息的时候，甚至在睡眠的时候产生灵感，那并不是一种巧合、一种运气，而是因为他的潜意识与外界刺激，与自己不懈寻觅、孜孜以求、长期探索的问题之间有着必然联系。如俄国化学家门捷列夫在梦中看见他日思夜想的元素周期表，就是因为他具有这方面的潜意识。这说明潜意识的作用何其之大，这也是良好的学习习惯的魔力！

国内外教学研究统计资料表明，对于绝大多数学生来说，学习成绩的好坏，20%与智力因素相关，80%与非智力因素相关。而在信心、意志、习惯、兴趣、性格等主要非智力因素中，习惯又占有重要位置。古今中外在学术上有所建树者，无一不具有良好的学习习惯。

学习习惯在小学高年级就形成了，以后如果不给予特别的教育，形成的

习惯很难有多大改进。因此，尽早培养良好的学习习惯是非常重要的。试想一棵带有枝枝权权又弯弯曲曲的小树，长大能直吗？年龄越小，越容易养成良好的学习习惯，形成的良好习惯也越容易得到巩固。不良的学习习惯发现得越早，也越容易纠正。正是基于这种认识，我们就要从小注意培养良好的学习习惯。中小学生正是身心发育的阶段，性格、习惯各方面正好定型，如何养成良好的学习习惯恰是当务之急。

在我们了解了养成良好学习习惯对学习的重要性和人的学习习惯的养成规律之后，让我们来看看应该怎么做才能养成良好的学习习惯。

（1）要从细节开始，持之以恒

在提倡素质教育的今天，同学们要养成良好的学习习惯，必须从细节开始。在学习中，有许多的细节，诸如坐的姿势、读书的姿势、回答问题的声音等，要注重把这些细节养成好的习惯。《老子·道德经》中有这样一句话："合抱之木，生于毫末；九层之台，起于累土；千里之行，始于足下。"同学们必须注意从一点一滴的小事抓起。习惯是经过重复或练习而产生的自动化了的行为动作，它不是一朝一夕就能形成的，而是必须有一个过程。要养成良好的学习习惯，需要不断强化，需要持之以恒地渗透。久而久之，同学们的习惯就自然形成了。

（2）要学会自我控制

在培养学习习惯的初期，在自制力还不够的情况下，应该控制自己的活动时间和空间，以达到约束自己行为的目的。因为人的行为本身，很大程度上受情景因素的影响。比如，一个学生自己已经认识到无时间限制地看课外小说的危害，不想再将学习时间浪费在小说上。但是，很多学生下课或者放学时一经过出租小说的书屋就把持不住自己，鬼使神差地进去了。因此在时间上，从早上起床一直到晚上就寝，都要安排好有意义的学习内容和活动内容，按时学习，适时休息。在空间上，严格控制自己的活动范围，歌厅、舞厅、游戏厅、录像厅、台球室等游乐场所，无论自己多么好奇，无论别人怎么引诱，也不要去。

如果发现自己实在很难抵制某些活动的诱惑，可以请求父母或者老师、同学进行帮忙，让他们约束自己的活动时间以及方式。在必要时，还可以要求他们对自己提供一些稍带强制性的措施。这对于培养习惯的初期来讲，尤为重要。

（3）一旦出现偏差，就要及时进行调整

中学生多数自制力比较差，在好习惯形成过程中，或者在克服坏习惯过程中，容易出现反复、拖拉、敷衍、放任等现象。这就要求自己要严格监督自己，对自己易犯的错误时时警惕，及时发现偏差，及时做出调整。培养习惯，就像走路一样，绝不能跟着感觉走，发现走的路线不对，要立即反应过来，调整到正确的轨道上去，久而久之，一条小路便踩出来了。

最后，利用习惯的"泛化"现象，建立整体性的学习习惯。心理学研究表明：当一种刺激产生并形成习惯之后，它可以产生连锁反应，即对另一个与此刺激性质类似的刺激也可以习惯化。我们且看下面几种现象：同学们在语文学习中养成了整理词语的习惯之后，在学习英语时也会自动地整理相关词组；工整有条理的做题风格不仅在理科作业中可以体现，同样反映在文科作业中；"文理相通"，不仅体现在思维形式上的相通，基础知识与基本技能的相通，学习方法与习惯也是相通的。

在习惯初步形成、逐渐进入顺其自然状态以后，就没有必要强制自己了。这时还需要注意两件事：一是要消除外部干扰，二是要排除内部故障。外部干扰主要是那些可能使你偏离甚至脱离轨道的引力，内部故障主要是受挫折时情绪不佳而放纵自己。对付外部干扰有一种有效的办法，就是改变环境，转移注意力。当你的生活圈内有人向你施加不良引力时，你可以寻找理由暂时跳出这个圈子，消除不良引力，努力去做自己应该做的事情。排除内部故障的有效途径也是转移注意力。当你的内部发生故障时，如产生忧郁、悔恨、愤懑、迷恋、惋惜、忧伤等情绪波动时，你可以通过做具体的事情来转移注意力。

良好的学习习惯让人享用终生，不良的学习习惯容易引人误入歧途。习惯是一种惯性的作用，也是一种能量的储蓄，拥有良好学习习惯的人，要比那种没形成良好习惯的人以及已有不良学习习惯的人具有更大的潜在能量。

形成固定的学习规律

在学习中有许多同学看似时间用了不少，但没什么实质的效果。这其中最大的问题就是他们没有形成固定的学习规律。学习有规律的同学，什么时间做什么事都是一定的，所以他们干完一件事马上就去干第二件。这样，时间就得到了充分的利用，不会导致浪费。

2007年天津市高考理科状元陆宇衡说：

"我每次都能很好地控制时间，即使到了最紧张的时刻，也依然能按照自己的习惯早睡早起，这种学习的规律性也许就是我最后夺得理科状元的必然原因吧。

"在我看来，有规律地利用时间，是提高成绩的好办法。有的同学就是吃了这方面的亏。

"比如，按照遗忘规律来讲，是先快后慢，越往前遗忘得越多越快，所以学过的内容应及时复习，可有些同学就老是先玩后复习或攒到一块再复习，严重的甚至干脆仅做作业而不进行复习。再比如，大脑的工作也有个时间限度，用久了就会产生疲劳，如果不适当休息，那就不但不会学好知识，甚至还会影响已学过的知识。有些同学由于未依照大脑的特点来安排时间，学什么总没有个固定时间。就说数学作业吧，今天早上做，明天自习做，后天也许就晚上贪黑做，类似的学习内容没有固定时间，都是学习盲目的表现，结果大大地降低了学习效率，也就无形地造成时间浪费。"

要形成固定的学习规律，具体到每个阶段学什么，也是非常有讲究的。

陆宇衡是这样做的：

早晨头脑清醒适于记忆，所以每天早晨都背一些英语课文或名家名段，但从不利用早晨的时间做理化的作业。

中午午休后一般是做作业。由于他是班长，成绩比较好，所以有不少同学喜欢和他讨论问题。他利用中午时间做作业，这样可以做到心中有数，更好地为别人解答。

自习课和晚自习一般是做一些练习题。他始终坚信"熟能生巧"，因此，做练习是他每天最愿意干的事。

晚上回家通常是带一些英语语法之类，分专题读一些，如虚拟语气、连词等。

三年每天如此，学习越有规律，学习效率越高，成绩上升得越快。

可以看出，如果同学们都像陆宇衡一样，在时间安排上一旦形成了固定的规律，按时起床，按时睡觉，该学习时就安心学习，到了锻炼时间就自觉去锻炼，学习生活就会达到自动进行的境界。

在现实中，有些同学，一方面大喊时间不够用，有压力，而另一方面又十分拖沓，干什么都紧张不起来。你叫他起床，他就说"再睡一会儿"，等到起来了又说时间不够了，匆匆忙忙地糊弄两口，甚至牙也未刷；晚上做作业呢，大人一催他便说"一会儿做，一会儿做"，即使关在小屋里，也是磨磨蹭蹭，紧张不起来，临到睡觉了这才着了慌，又贪黑地苦熬起来。记住，建立了固定的学习规律，你的学习效率才会有保障。

做事专心致志

专心致志是一个人完成所有事的前提。早在几千年前的春秋战国时期，孟子就讲过一个传诵了很久的故事：两个年轻人同时向著名棋手学棋，其中一个全神贯注地听老师讲课，另外一个则心不在焉，表面上和老师学棋，实际上却整天想着如何玩耍。结果，前者成了下棋高手，后者则一事无成。这个故事说明，专心致志是成就事业的必要条件，也是学生提高学习成绩的基础。

我们在小学就学过"专心致志"这个成语，老师、家长也无数次教导我们学习要专心致志，但只有为数不多的学生真正做到这一点。作为最起码的学

习习惯，我们应该毫不犹豫地养成。

我国古代有"一手画方，一手画圆"的说法，来说明一心二用的不可为。现代心理学研究上也有实验：把知识能力大致相同的学生分成两组，让第一组学生边听故事边做习题，第二组则将两项活动分开进行。然后检查两组学生的习题成绩及故事的复述情况。结果显示，第一组习题与复述的错误率都明显高于第二组。由此看来，一般人不可能同时高质量地做好两项或两项以上的事情，同时进行，则所做的事情的质量势必有所降低。

但是，生活中确实也有一心两用并能做好事情的例子，这又作何解释呢？那其实是注意力的分配，但是注意力的分配不是任何人、任何事都可以很好地运用的，这需要一定的条件。同时进行的两项或多项活动，一般都是比较熟悉的，最多只能有一项是不十分熟悉的，而其他活动几乎达到自动化的程度。比如，课堂上老师能一边讲课一边写板书，但是同学们却很少能做到边听讲边记笔记，往往顾了笔记却落了听讲的内容。出现这种情况，就是因为老师熟悉他的教学内容，而大家对学习的知识却相对生疏。因此，我们学习应该专心致志，尽量少一心二用。

专心致志，包括以下两个方面内容：一是要明确一段时间的学习重点而不分神。在这段时间内，你必须紧紧围绕这个学习内容安排活动，除学校组织和提倡的健康活动外，一切与学习重点相悖乃至不相关的劳神费时的事情都应该尽量避免，诸如打游戏机、和一群朋友一起玩耍、早恋、过多地读课外书籍和过多地看电视等。二是全神贯注。上课要全神贯注地听，作业要聚精会神地做。也就是说，要刻意回避一切与学习无关的事情。有些同学上课时精神恍惚、讲话或摆弄东西，甚至做一些与学习毫不相干的事；课后做作业，一边听歌一边写文章、算题，哪里说话哪里搭茬儿。这些都是非常不好的学习习惯。试想，你怎么可能在听歌的同时，解决一道憋足了劲才能完成的数学题呢？

在学习中，目的越明确，对学习的意义认识得越清楚，越能专心致志地学习。数学家陈景润从学生时代起，便在心灵深处埋下摘"数学皇冠上的明珠"——"哥德巴赫猜想"的志向。目标一经确定，在以后的生活历程中不论遇到怎样的干扰和打击，都没有妨碍他夜以继日地工作，有时为了解一道题，连续几小时不休息。

中学生心中应有远大目标，为父母、为他人、为祖国，更是为了自己的美好前途，把高尚的精神追求变为实际行动。明确的学习目的能使人产生责任感，责任感能促使人采取积极行动，并使人的注意力得到加强。如记忆外语单词的"分循环逐步提高记忆法"，就需要有明确的学习目的做保证，既能分秒必争地读、写、听、看，又要按"记忆—再认—重现"的步骤，环环提高。目的明确，专心致志的能力自然增强，学起来才有劲头。

热爱读书使你的知识更渊博

每一位同学都希望自己是一位知识渊博的人。但知识是怎么获得的呢？获得知识的途径有两条：一是通过亲身实践，获得大量感性知识，然后，通过思考上升为理性知识；二是直接把人类在长期实践中积累起来的知识继承过来，把社会的知识转化为个人的知识，这是个人知识的大部分来源。

目前，人类最重要的知识贮存物是书籍。人们把书籍比喻成知识的宝库，那里是历代祖先和当代有识之士心血的结晶。在继承知识的各条途径中，阅读可以说是一条主要途径。人类的知识主要是以书籍的形式贮存着，这样，书籍很自然地就成为我们获取知识的主要来源。人人都可以通过阅读从书籍中去汲取营养，来充实自己的知识。

在这里要说明的一点是，所谓读书，是广义上的"读书"，也许我们用"学习"这个词更为恰当。中学生今天可以读纸质的书，也可以读"电子书"、"网络书"、"音像书"。总之，可供学习的一切"书"，中学生都可以读。

读书，或者叫学习，是我们掌握知识的法宝之一。人非生而知之，都是通过后天的直接实践和读书学习获得知识的。而直接经验与间接经验相比，后者占的比重更大。利用书籍，我们能使自己在短暂的人生中，学习那些超出自

己所能体验的数个世纪之前的智慧。17世纪的丹麦医学家巴兹林说过："假如世界上没有书的话，就没有神、没有正义、没有自然科学、没有完美的哲学、没有文学……而且，世界上的一切，都仿佛在黑暗之中。"

一本好书通常是作者多年或一生智慧的结晶，中学生以短短的几小时或几天的时间来换取这些智慧，真是一件幸运的事。爱迪生说："书籍是天才留给人类的遗产，世代相传，更是给予那些尚未出世的人的礼物。"我们应该这样来提高读书的自觉性。

古人讲：开卷有益。读专业书，有益于自己的工作。读杂书，则可以开阔自己的视野。读优秀人的书，则可以培养自己高洁的情怀。英国哲学家培根说："读史使人明智，读诗使人灵秀，数学使人严谨，物理学使人深刻，伦理学使人庄严，逻辑学、修辞学使人善辩。凡有所学，皆成性格。"这段话精辟地说出了读书对人的修养的益处。

也有人说："我也想读书，可实在是没有时间。"真没有时间吗？鲁迅说："我是把别人用来喝咖啡的时间，用在读书写作上了。"他还说："时间就像海绵里的水，只要愿挤总还是有的。"宋代大文学家欧阳修说他读书是在"三上"：马上、枕上、厕上。

当然，读书也自有学问，不是只要读书就能获益。

（1）读书要有选择

俄国文学批评家别林斯基说："我们必须学会这样的本领，选择最有价值、最适合自己所需的读物。"俄国另一位作家屠格涅夫说："不要读信手拈来的书，而要严格加以挑选。要培养自己的趣味和思维。"读书要有选择，不仅是因为书籍很多，我们的时间和精力有限，更重要的是书籍中良莠不齐。不加选择地读书，很可能读了一堆垃圾书，不但白白浪费精力，还使自己思维混乱、趣味变得低下。在图书的选择上，可以听听父母、师长和名家的推荐意见。在美国，就有为中学生规定的20多部必读书，其中文学、哲学、自然科学都有。中国教育部门也为中学生规定了一批必读书，包括中国和外国的古典名著。这些书，对于那些没读过的成年人，也是值得一读的。

（2）读书的面不要过窄

读书的目的有多种，有的人读书是为了消遣，有的人是为了学习实用知识，也有的人是为了充实自己的人生。从读书的最佳目的讲，我们应该在消遣和实用之外，更注重人生的充实。这就不是只读些武侠及言情小说等消遣类的书就可以了，更应该读一些优秀的文学和社会科学读物，科普读物和哲学读物也应该读一读。这样读书能使我们开阔视野和心胸，有助于人格的完善。读书也不要只读自己偏爱的作者一家的书。鲁迅说过："只看一个人的著作，结果是不大好的，你就得不到多方面的优点。必须如蜜蜂一样，采过许多花，这才能酿出蜜来，倘若盯在一处，所得就非常有限、枯燥了。"

（3）读书要消化

读书是为了获得知识，而不是图"眼饱"。这就如同吃了许多食物，胃部却没有消化吸收，只会对身体有害。徐特立说："我读书的方法总是以'定量'、'有恒'为主，不切实际地贪多，既不能理解又不能记忆。要理解，必须记忆基本的东西，必须'经常'、'量力'才成。"俄国教育家乌申斯基说："书籍不仅对那些不会读书的人是哑口无言的，就是对那些机械地读完了书而不会从死字母中吸取思想的人，也是哑口无言的。"

（4）精读与泛读并举

为了解决书多和时间、精力有限的矛盾，聪明的读书人都采取精读和泛读相结合的办法。就是对于必须读的书仔细阅读，而对于只需大致了解的书则粗略一些。陶渊明好读书，他的方法是对已知的内容或不重要的内容"不求甚解"，而对于重要的内容或有新意的内容则"每有会意，欣然忘食"。鲁迅一生读书很多，除了许多书他是精读外，对其余的书则采取"随便翻翻"的办法。泛读也绝不是不动脑子的机械读书，而是注意其中的闪光点，一有发现，这闪光点的部分就会成为精读的内容。这种读书方法需要一个锻炼的过程，作为读书经验尚少的人，还是应以精读为主，宁可初期读得慢一些，也不可"一目十行"地囫囵吞枣。

读书还有许多好的经验，如记读书笔记，摘录、背诵好的文章等，如古人说的：熟读唐诗三百首，不会作诗也会吟。这里就不一一细说了。

热爱读书吧，读书能使你成为一个知识渊博的人。

多动手让你更聪明

动手可以促进大脑的发育和思维的发展。从人类的进化历程中可以看到，人类与动物的本质区别是会劳动，人类拥有与劳动有关的灵巧的手、发达的大脑、交流所必需的语言和社会环境等。而"用手劳动和直立行走引起和促进了头脑的变化"。这种变化当然指的是大脑的发达和思维的发展。正如古希腊的一句名言："人类手的发达增进了人的智慧。"

从个人思维的发展看，动手活动的全过程，始终贯穿动脑的活动。

在动手活动之前，思维活动主要表现在确定动手的目的、设想动手的预期结果和达到这个结果的步骤和方法等。

动手活动中，思维活动主要表现在回答动手过程中出现的各种问题。这些问题的解决，一方面不断地修正原来的设想和方案，使它更加切实可行；另一方面加深了对事物的认识，脑支配手，动手的结果使物体不断地发生变化，通过感受器和神经把这种变化反映到大脑，推动思维活动的开展。例如，同学们在制作杆秤之前，对制作杆秤的目的、原理、方法自认为很清楚，而通过动手制作，才真正懂得了杆秤为什么要一头粗一头细，也懂得了怎样准确地标定刻度。

动手活动之后，思维活动主要表现在对原来的设想和动手效果的自我评价上。通过自我评价时的思考和进一步的学习，将会使以后的动手活动取得更好的效果。

此外，动手能力和发明创造还有着密切的关系。发明创造的过程，大致可以分为以下几步：提出问题、明确问题、提出假设、验证假设、做出结论。如果说这些步骤主要是通过思维活动来完成的话，那么，验证假设往往离不开实验、制作和测量等活动。由于是创造性活动，因此，这种动手活动往往带有新颖性和独创性，是前人没有动手做过的。如果动手能力太差，那么再好的假设也难以变成现实。爱迪生一生的发明达1328种之多，他成功的原因可以归结为：好学、勤思、爱动、顽强。这里的爱动是指喜欢动手。他一生动手实验不停。在家里，地窖成了他的实验室；在火车上，吸烟室成了实验室；当电报员，值班室成了他的实验室……因为他的动手能力强，所以一旦形成设想后，通过动手就能迅速地把设想变成现实。牛顿从小就喜欢做各种手工，他把外婆给他的零用钱积攒起来，买了很多工具，一有时间就动手搞制作，从制作小四轮车到水车，从制作风车到有实用价值的水钟。这些手工制作活动，不仅提高了他的动手能力，更重要的是在动手制作的过程中，牛顿的思维能力迅速地发展了起来，为他27岁当教授、成为科学家打下了基础。

我国南北朝时的大数学家祖冲之是一个动手能力很强的科学家，他对公元前100年左右《周髀算经》中"径一周三"的定论，提出了疑问。为了验证自己的疑问是否有道理，祖冲之亲自动手画图计算达半辈子。为求出圆内接正124 576边形的边长和周长，就要对9位数做上百次的加、减、乘、除、开方等运算。通过数十年的计算，他终于测出了较精确的圆周率，用现在的符号表示就是：

$3.1415926 < \pi < 3.1415927$

这个数值的发现比欧洲人要早1100多年。

天文学家张衡，用浑天说来解释天体运动现象。为了形象地表明自己的学说，他动手制作了浑天仪、浑象和水转浑象。此外，为了能够及时地测知地震，他又制作了地动仪。对张衡的动脑和动手能力，有人评价："数术穷天地，制作侔造化。高才伟艺，与神合契。"

上述例子可以使我们认识到，要想将来成为创造型人才，就要自觉地培养自己的动手能力。

动手能力只有在动手的活动中才能培养。同学们可以通过哪些途径来培养动手能力呢？

第一条途径是学生实验。这里主要指的是课内的学生实验。丁肇中教授说："自然科学不能离开实验的基础，特别是物理学是在实验中产生的。"学生实验一般属于验证式的实验，通过动手操作，不仅可以学到有关实验的知识

和技能，更重要的是只有通过动手操作，才可能提供科学的观察，以验证或得出科学的结论。那些物理、化学和生物学得好的学生，与他们对实验的重视是分不开的。

第二条途径是课外活动小组。例如，动物小组的活动，为饲养和解剖动物、制作动物标本、进行动物生理实验提供了动手的机会；植物小组的活动，为采集、制作植物标本和观察植物生理实验提供了动手的机会；航模、舰模和无线电小组，为这些制作提供了动手的机会；物理、化学和生物实验小组，通过操作自己设计的实验，使验证式的实验变成获取新知识的实验，有的实验还具有一定的创造性。

第三条途径是劳动技术课。如，英文打字、无线电修理、缝纫、自行车装修、电脑的使用、摄影、洗相片等。它们的共同点是动手和动脑，手脑并用的最终产品往往具有一定的实用价值，使学生更加接近生产和生活的实际。通过劳动技术课的动手活动，也使学生学会了一些劳动的本领。

除了上述的途径外，能够为学生提供动手机会的活动还很多，例如家务劳动、假期里的勤工助学活动等。只要有心，从这些活动中同样可以使动手能力得到发展。

由于中学阶段的主要任务是打好基础，因此在中学阶段首先应当积极参加课内的动手活动，例如物理、化学、生物实验，有关的科学小制作等。这些与课内学习有关的动手活动，有利于同学们形成系统的科学知识和发展基本的能力。

至于课外的动手活动，有的是属于基本知识的应用，有的与所学的知识没有什么直接联系。由于课外的动手活动需要大量的时间，因此要在保证课内学习的前提下开展才会促进课内的学习。在开展课外的动手活动时，可以从模仿、重复的动手活动逐步发展到创造性的动手活动。在搞创造性的动手活动时，要争取得到家长和学校的支持，对参与这种活动的可能性和现实性要有一个基本的估计，并要努力地自己去创造条件，充分利用节假日的时间，还要注意到安全问题。

善于自己发现问题

善于自己发现问题很重要。从一份科研成果报告中可以看出，美国论文的数量居于世界第一位，占世界论文总数的42%左右。形成这个结果的原因很多，其中有一条是美国学校鼓励学生独立地提出问题，这对于促进思维能力的发展起到了很好的作用。据美籍华裔女物理学家吴健雄教授讲，在中国，家长往往这样问孩子："你今天得了多少分？"在美国，家长往往是问孩子："你今天向老师提出了几个有意义的问题？"

有一个中国留学生到了美国，参加了数学竞赛，获得了好成绩，信心大增。在美国的课堂气氛下，他讲话大胆，喜欢指出老师讲课中的问题。他一再指出老师的问题，老师不但不生气，反而承认自己的错误，并表示感谢，还带领全班同学一起鼓掌，因为老师认为培养出一个能创新的学生是自己的光荣。作为一个中学生，在学习的全过程中，都要通过思维给自己提出问题。就是在预习、上课、复习、做作业、总结、参与课外活动时，甚至对考题的合理性，都要通过思考给自己提出问题，进行钻研，这样学业才能有所长进。明代的陈献章说得好：小疑则小进，大疑则大进，疑者觉悟之机也。一番觉悟，一番长进。

在学习过程中，只要肯动脑，有些问题会自然产生。例如，因为"旧"知识没有掌握好而出现问题；因为突然出现一些新概念或现成的结论，使人容易产生问题；因为出现了相近的概念，因一时混淆不清而出现问题；当"旧"知识不够用时，会出现问题；当从另一个角度重新理解同一事物时，会出现问题；当老师讲的或书上写的与自己掌握的知识发生矛盾时，更会出现问题。下面举个具体的例子。学习理科时，每当学习一个结论就应当想一想：

这个结论依据的事实是什么？

这个结论是怎么得出来的？

得出结论时的思路是什么？采用了什么思维方法？

如果时间、地点、条件变了，这个结论会发生什么变化？应当怎样进行修正？

提出上述问题后还要进一步研究概念之间、定理之间、规律之间有什么异同，找到它们之间的联系和区别，一直到知识又从局部上升为整体时，这一阶段的思考才可告一段落。

总之，经过思维自己发现问题，经过思维自己解决问题，这才是高级的具有创造性的学习活动。会不会给自己提出问题，是学习有没有进入高级阶段的重要标志，正像诺贝尔奖获得者李政道所说：最重要的是自己会不会提出正确的问题。德国物理学家海森堡说：提出正确的问题，往往等于解决了问题的大半。爱因斯坦对此更有精辟的见解：提出一个问题，往往比解决一个问题更重要，因为解决问题也许仅是一个数学上或实验上的技能而已，而提出新的问题，新的可能性，从新的角度去看旧的问题，却需要有创造性的想象力，而且标志着科学的真正进步。

可以这么说，学习上提不出问题，意味着学习的停止；科学上提不出问题，意味着科学的止步。

科学使用大脑

学习是一种复杂的脑力劳动，大脑是学习的物质基础。在人的头骨里，大脑的形状就像一个放大了的核桃仁，灰白的颜色，柔软的质地，布满褶皱。大脑里的神经纤维纵横交错，四通八达，构成了一个极为复杂的信息传递的网络系统。

大脑的神经细胞在进行正常活动时，新陈代谢十分旺盛，要消耗大量的能量。大脑的重量只占体重的2%，而耗氧量却占了全身耗氧量的20%，当大脑积极活动时，耗氧量将达到全身耗氧量的33%。大脑神经细胞除了需要得到大量氧气外，还需要从血液中源源不断地得到葡萄糖的供应，血中葡萄糖的浓度达到0.1%时，大脑神经细胞才能在氧化分解葡萄糖的过程中得到生命活动所需的能量。当然，脑细胞在新陈代谢过程中，成分要不断地得到更新，同时不断地得到必需的其他营养物质。

懂得了这些，就不难理解为什么全身有1/5的血液专门供应脑了。脑的血液供应不足，血中的葡萄糖含量低于0.1%，血中的氧气含量偏低，都会使大脑神经细胞的工作效率下降。在一般情况下，脑神经细胞一分半钟得不到氧气，人就会失去知觉，若五六分钟得不到氧气，神经细胞就会死亡。

知道了大脑的生理功能，我们在学习和生活中应注意哪些问题呢？

（1）不要在饥饿状态下学习

一天六节课，有四节课在上午，上午的学习负担是很重的。可是，不吃早饭，空腹上学的学生大有人在。由于处在饥饿状态中，脑细胞所需要的葡萄糖就只能来自肝脏中贮存的肝糖，这样就很难保证脑细胞的需要。由于脑细胞正常活动所需要的能量因缺少葡萄糖而不能得到满足，从而使大脑的神经细胞就逐渐走向抑制，或者说休息状态，上课时就会无精打采，注意力无法集中。更严重的是由空腹造成的饥饿刺激不断地作用于大脑，造成学习时注意力分散，就会更提不起劲来，使上课学习效率大幅度下降。

因此，为了提高上课的学习效率，不能把吃早饭当作一件可有可无的生活小事。

为了保证在整个上午的学习过程中脑神经细胞能源源不断地得到充足的营养物质，为了不让饥饿感分散上课时的注意力，一定要吃好早饭。早饭可以淀粉类食物为主，如粥、馒头、面包等，但最好再吃一点肉、蛋、牛奶一类的食物。淀粉一类的糖类物质在胃里只能停留两小时左右，而蛋白质或脂肪一类的物质停留的时间要长一些，一般混合食物在胃内经过四五个小时才能全部进入小肠，这就是为什么吃了蛋白质或脂肪一类物质不容易饿的原因。早饭适当吃点蛋白质和脂肪一类的物质就可以避免在午饭前过早地产生饥饿，由于蛋白质类的物质消化慢，所以在消化过程中可以把营养物质源源不断地供给大脑神经细胞，保证上午学习活动的需要。有的学生说，早晨加吃了一个鸡蛋，一上

午都没有饿的感觉，大概就是这个道理。

（2）不要在饭后马上学习

人体内血液的分配一般和器官系统的活动状态相一致。饭后，消化系统在消化和吸收上的负担很重，流经消化系统的血液量增加，脑的血流量相对下降，脑神经细胞的功能状态也自然要差一些。饭后立刻学习爱发困大概就是这个缘故。这表明饭后立即学习，不仅学习效率低，还会影响消化系统的正常功能，天长日久还可能引起消化不良等胃肠疾病。

（3）要在新鲜的空气中学习

有时一推开教室的门，一股难闻的气味扑鼻而来，而班里的学生却毫无感觉。在这种环境中学习，时间一长就常常产生哈欠不止、头脑昏昏的现象，效率自然很低。在天气冷、不开窗的日子里，这种现象更为严重。道理很简单，不通风透气，室内含氧量就会下降，二氧化碳含量则会上升，细胞进行生命活动所需要的氧气就会供应不足，葡萄糖的氧化分解受到影响，脑神经细胞所需能量得不到保证，导致大脑的功能减弱，学习效率也必然下降。

因此，在学习时要注意休息，到室外散散步，呼吸点新鲜空气，教室要经常开窗通风，使人体得到充分的氧气供应。

（4）合理用脑

长时间连续学习相同内容，大脑就会在某一区域持续兴奋。同一区域长时间兴奋就会出现疲劳，这时大脑就出现保护性抑制状态。此时再强行学习下去，大脑也不会兴奋，学习效率就会降低。所以连续学习同一科内容的时间不可过长，过长就会越学越糊涂，还会出现头昏脑涨、头痛等症状。这是大脑要求休息的信号。

为了合理用脑，提高学习效率，复习期间学习和休息要交叉安排，学习一段时间后，就要有课间休息，让大脑的兴奋点转移。

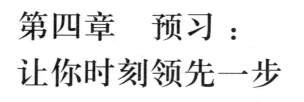

第四章　预习：
让你时刻领先一步

预习有十分重要的作用

中国有句古话："凡事预则立，不预则废。"这里所说的"预"即准备。

所谓预习，就是在老师讲课之前，自己预先学习。在老师讲解之前，认真阅读教材，养成主动预习的习惯，是获得新知识的重要手段，是为接受新知识做好准备的学习环节。现代课堂教学改革的一个基本思路是：让学生自己从"人类知识的源泉"（课本）中去获取知识。同学们如果真正希望提高自己的学习效率，请首先从课前预习做起。

预习是同学们学习的基本环节之一，它在同学们的学习过程中起着很重要的作用。我们在对中学生的调查中发现，学习成绩相对比较优秀的学生，绝大多数人都有事先预习的习惯，而学习成绩较差的学生则往往忽视这一环节。事实上，预习在新旧知识中起着承上启下的作用，它不仅能让我们了解到将要学习的新内容，为学习新知识做好准备，还带领我们回顾与新内容相关的已学过的知识。预习对提高学习效率和成绩、培养自学能力都有十分重要的意义。实践证明，基础扎实，自学能力强，成绩突出的学生，在平时的学习过程中都比较重视预习工作。

一些学习优秀的学生认为，事先预习至少可以给他们带来如下好处。

（1）预习可以提高听课质量

我们在预习时，刚刚接触到新知识，正是从已知到未知的离合点，这里最容易产生许多疑惑和不解。

有的同学课前不预习，上课时匆匆打开课本对新课内容一无所知。听课完全处于一种盲目被动的状态。听天由命，一节课下来有时听懂了，有时似懂非懂，遇到知识障碍就像听天书。有的同学听课是有备而来的，课前做了充分

的预习，对所学新课有了整体的了解，对新课要讲什么，重点是什么，难点是什么，心中有数。这样在上课时可以按新的知识点去听课，化被动为主动，为学习新知识做好了充分准备。

（2）预习可以改变学习的被动局面

由于预习可以扫除课堂学习中的知识障碍，提高听讲效率，加强上课记笔记的针对性，增强课堂学习的效果，所以使得作为学习中心环节的课堂学习状况发生了变化。从学习效果来看，改变了学习的被动局面，减少了因听不懂而浪费的课堂学习时间；上课听懂了，课后复习和做作业的时间也大大节省了。当然，预习也要花费一些时间，但与课堂听讲、课后复习和做作业效果的增强相比，这些时间的花费则显得微不足道。

学习后进的学生，最好从学习最差的那门学科开始进行预习，看看学习局面会不会有所改变。学习差，又不预习，上课听不懂，课后再花大量时间补课和做作业，实在不合算。学习上欠了"债"，总是要"还"的，预习则是"还债"的最好方式。这种"还债"，可以在上课时直接受益，有人把预习后开始的学习过程比喻成"加速运动"是有一定道理的。

（3）预习对巩固旧知识大有好处

预习有利于巩固已有的知识。在预习中，为了理解新知识就要积极地追忆与新知识相关的旧知识。追忆不出来，再去翻阅旧教材。预习中常常需要复习许多旧知识，涉的面也很广。有些旧知识是很长时间以前学过的，通过预习得把这些旧知识重新回忆起来，不清楚的要搞清楚。预习中这种对旧知识追忆、理解的目的性、广泛性、间隔的久远性，都有利于对已有知识的巩固。

再者，预习中独自琢磨新知识，琢磨通了印象深刻难以忘记，即使是没琢磨通的内容，在百思不解之后带着问题去听课，豁然贯通，印象更深刻。预习中理解错误之处在听课时得以纠正，有了正反两方面的对比，这比光是听听课，在脑子里的印象要深刻得多，容易记住。

（4）预习可提高自学能力

预习是自己独立地首先接触新课知识，是自己摸索、自己动脑、自己理解的自学过程。许多同学初次预习都觉得新课难以理解，特别是理科教材，初次阅读时常常不得要领，不明其意。但这时只要坚持下去，慢慢地你会觉得有些门道了，对新课内容的理解会越来越多，越来越深入。且随着预习的深入，你的自学能力也就逐步提高了。

长期坚持预习的学生，他们的阅读速度快，思维敏捷，善于运用分析综合、归纳演绎、抽象概括及分类比较的方法，因此，能较快地发现问题和抓住问题的本质，看问题比一般同学深刻。这种独立地获取知识的自学能力一旦形成，近可以促进中学阶段学习质量的提高，远可以满足将来上大学或工作中学习的需要，的确可使人终生受益。

有一个初一的学生，在课前，就能对课文的各段大意加以概括，对文章的层次、线索也分析得头头是道，有时还对名家作品提出自己独到的见解。他所表现出来的较强的自学能力，是与他长期坚持预习分不开的。预习为他的独立阅读和思考提供了一个实践的机会。所以，不能简单地认为预习仅仅是为听课服务的，它的好处远远不止这一点。一个中学生单单通过教师传授这一个渠道来获取知识，是远远不够的，在预习中形成的自学能力，将使中学生的头脑迅速充实起来。

预习的基本步骤

预习是需要一些基本步骤的。这样有步骤地预习更有效果。

第一步：快速阅读。

任何一门学科的预习首先都应该从阅读开始，换句话说，就是把将要学的内容快速阅读一遍。

有的同学在实行这个步骤时非常简单，往往是把文章通读一遍就完了。实际上，这是一种错误的做法，阅读并不仅仅靠眼睛，在阅读的同时，你的大脑也必须参与进来。文章的知识脉络是什么样的、本章要解决哪些问题、哪些知识与已学知识有联系、哪些知识基本是陌生的，这些都是你在快速阅读过程

中需要完成的任务。

光是张嘴阅读而不思考，即使读了几遍、几十遍，甚至是几百遍，也无济于事，一点效果也没有。而边阅读边思考，即使只通读一遍，也会有很大的收获。

第二步：圈点勾画。

在预习时，你应该做到边读边画，边读边批，边读边写。

"画"就是划分层次、重点。对于一个章节，如果读了一段，你还看不出层次，抓不住重点，这就说明你没有读进去，就需要再读几遍。

"批"就是把自己的体会、看法写在旁边。这些体会、看法究竟对不对，在听课的过程中就可以得到验证了。

"写"就是把自己不懂的问题简单地整理出来。你在阅读的过程中，肯定会遇到很多的问题，例如，在预习语文时，会遇到很多生字和生僻的词；在预习英语时，会在某个单词上"卡壳"，或者遇到一些以前没学过的语法；在预习数学时，会遇到一些难懂的概念、公式或者搞不明白的证明题；在预习化学时，对某个实验的步骤弄不清楚……

如何应对这些横在你面前的"拦路虎"呢？只需要把问题记下来或者做下记号即可。首先查查参考书或翻翻字典，争取弄明白。实在不懂的，就带到第二天的课堂上，在老师的讲解之下，问题肯定能迎刃而解。

记住：千万不要存有一根筋思想，遇到"拦路虎"即使不吃饭不睡觉也要弄清楚，这种做法非常不明智，除了让你对学习产生厌恶之外别无好处。

第三步：提问。

在预习时，提问是一个行之有效的步骤。为什么这么说呢？提问能够迫使你集中注意力以及敏锐、直接和有选择地关注你所阅读的字句。如果你没有任何问题，那么你的眼睛只是掠过段落中所有的字句而不会认识到就是这些字句包含了各种答案。没有问题，哪来的答案？要是那样，预习也就失去了功效。

因此，在阅读和钻研课文内容之前，你首先要学会提问，带着问题去预习，这样才能对文章有一定的了解。

在预习时如何提出问题呢？有一个众所周知的办法，就是将每一个标题变成问题。例如，文章的标题是"回忆的组织"那么就可将之变为"如何组织回忆"；文章的标题是"记忆的踪迹"，可变为"什么是记忆的踪迹"。把标题变成问题后，就会为回答问题而去阅读下面的材料。这种方法虽然很简单，但起到的作用却不小。

除此之外，你还可以带着这些一般的问题去阅读文章，从而引出文章的中心思想。例如：这一段落讲了什么？这一段落在这一章中起了什么作用？这个例子是否能够把主要问题讲清楚？

第四步：巩固。

在大致了解了内容后，就应当采取措施检测一下预习的效果，以达到加深对知识理解的目的。这里所说的措施，实际上就是适当做一些题目，动手解题。只有实践才能出真知，在解题的过程中，当你能够找出自己的薄弱环节，就会采取必要的方法来弥补自己的弱势。

一般情况下，做题要先做课本上的习题，因为这些习题是最基本的东西，针对性也很强。你也可以选择做参考书上的习题，但难易必须适度，答案也要有分析，以便于理解。

第五步：回顾。

许多同学往往认为做习题是预习的最后一个步骤，其实不然，回顾也是不可或缺的小环节，回顾是为了让预习更有效，也就是说，通过回顾，你可以看出自己预习的效果怎样，以便进行调整、改进。

因此，在完成习题后，你可以合上书本，在脑海中细想一下：刚才的预习学到了什么？下节课老师要讲什么，自己懂不懂？与这个新问题有联系的旧知识是什么，自己是否已经掌握？还有什么不懂的问题需要上课时听老师讲？

根据情况进行预习

预习方式因人而异，因学科而异，因内容而异，必须根据不同情况，有的放矢地进行复习。具体而言，要注意以下几个方面：

（1）根据老师的要求预习

虽然老师没有做明确的规定，但还是希望学生能对所学科目事先进行预习，而不同的学科，要求也各有不同。有的学科，在每节新课授课前都要求预习，譬如数学、物理、化学等；有的学科，老师仅要求对一篇文章进行预习，譬如语文；有的学科，老师会要求对课文中的某一部分进行预习，譬如政治、地理、历史等。

在讲课方式上，每个老师之间也存在着巨大的差异，这就需要我们根据老师不同的讲课方式有针对性地采取相应的预习方法。例如，有的老师讲课基本依据教材，但展开得较为丰富，因此我们就要事先对教材进行较深入的理解；有的老师讲课完全是对教材的展开和延伸，那么我们就只需要对教材做简单理解，多去搜集一些课本上没有的知识进行预习。

所以，课前预习不能盲目，必须根据老师的要求，具体安排好每天不同学科的预习范围，确定相应的预习方式。

（2）根据课程特点预习

预习的方式是精细的还是粗略的，精细到什么程度，粗略到什么程度，这些都要在预习前想到。例如，历史学科事实多、理论少，总体上并不难学，因此只要理清提纲就可以，可做些粗略的预习；而像数学这样的课程，逻辑性强、难度较大，最好是采用精细的方式预习，既要细读基本概念、定理、公式等，又要尝试着做些习题；对于语文这门课程，预习时首先要排除生字、生词障碍，再分析段落大意、中心思想以及写作风格。

具体来说，可以是这样的：文科科目的预习，多向课外扩展；理科科目的预习，抓住教材。例如，对语文的预习，可以去书店买一些优秀的作文选或是精品散文集来看，而预习数学还是应该以课本为主，要注意掌握课本上的定理、公式等，另外再附加做些练习题。

（3）根据个人的学习情况预习

人与人之间是不同的，比方说数学是你的强项，但对其他某个人来说或许就是弱项，而他所擅长的，在你身上又体现不出来。因此，别人的预习方式可供参考、借鉴，但千万不能照搬照抄，否则除了浪费时间，根本起不到好的作用。

你应该做的是根据自身的实际情况来预习：对自己学习困难、基础较差的学科或内容，可以加强预习（要多花点时间，搞得精细一点）；对学得相对容易、轻松或成绩较好的学科，可做粗略预习，相应少花点时间，把精力主要放在课外知识的扩展上。但也要保证学习效果，一旦感到成绩有所下降，就要及时进行调整。

此外，我们每天要交叉进行多门功课的学习，而在有限的时间里，不可能面面俱到，全部学科都兼顾到。因此，这就需要我们重点选择一两门学科进行预习，而这一两门学科最好是自己学起来最吃力的。

预习效果不好怎么办

可能有的同学会说："我也经常预习，为什么效果不好呢？"这大概是方法上有问题。因为预习仅仅看一遍书是不够的。预习的任务实际上至少包括两个方面：一是标明不懂的地方，二是记住基本的框架。不少同学只完成了头一项任务而忘记了第二项任务，预习的效果当然就不太好了。

预习应根据不同类型的课，注意以下几个方面的问题。

如果这堂课偏重概念或定理，那么我们把书上的内容通读之后，首先应该回想一下，这一节中有几个概念、几条定理，它们都说了些什么？论证的方法是什么？如果还不清楚的话，就应该再仔细阅读，不能怕浪费时间。等把

这些问题都弄清了，再结合书中的例子，对每条定理、每一个概念逐一进行剖析，加深理解。例如，初中物理关于"力的概念"这一节中讲到的起重机吊货物、铁锤打铁、磁铁吸引大头针等许多例子，就能使你体会到"力是物体对物体的作用"。打铁时，铁锤对铁块有力的作用，铁块对铁锤也有力的作用这一事例，可以使你体会到"物体间力的作用是相互的"。

值得注意的是，定义都是用最精练的语言写成的，抽去或者忽略其中任何一句话，甚至一个字，都可能歪曲其本来面目或者产生理解上的错误。所以，预习时对这些定义应该逐字逐句地进行分析。例如，"力是物体之间的相互作用，力是使物体获得加速度或者发生形变的作用"。其中，"力是物体之间的相互作用"这句话包含了两层意思：一是力不能脱离物体而单独存在；二是物体甲对物体乙有作用力，物体乙则必定对物体甲有反作用力。如果抽去这句话，力的定义就会不完整；如果忽略了这句话，就会无中生有地"创造"出一些根本不存在的力。

如果这堂课是做实验，那么我们首先应该了解本次实验的目的和要用的器材。其次是要了解实验步骤，一边看书，一边在脑子里进行"实验"，尽力想象每一步骤中会出现什么现象，这些现象可以用哪些定理、定律来解释。再次，对于书上指出的一些注意事项，我们也要想一想，为什么要注意这些问题？反之又会如何？这样可提高实验的成功率，也可以加深对实验的印象。例如，在"用阿基米德定律测比重"的实验中，书上要求称金属块在水中的重量时，要把金属块全部浸入水中。而我们在实验时往往忘记这一点。如果我们预先考虑到金属块不全部浸入水中就无法用阿基米德定律来计算其体积，那么就不至于出现这一差错了。同样，在"用天平称物体的质量"的实验中，如果事先没有想到砝码用手拿后会生锈，就很可能忘记用镊子去夹取砝码。最后，可以根据书上实验时的原理，广泛地思考一些问题。例如，用阿基米德定律能测出物体的比重，是否还可以测液体的比重呢？多思考一些问题，有助于开阔思路，把知识学活。

经过这样的预习，我们不仅能对实验过程了如指掌，而且，即使实验中出现一些小故障，也是不难解决的。

有些同学往往埋怨自己脑子太笨。确实，要让脑子在短期内由笨变聪明不是一件容易的事。然而，如果我们真正做到认真预习并持之以恒，那么，总有一天，我们会变得聪明起来，听课效率会迅速提高。

预习时应注意的几个问题

预习时需要注意以下几点：

第一，灵活安排预习的时间，要从自己的实际学习情况出发选择预习的类型。预习时间的安排，要服从于自己的整个学习计划。在校学生每天的课程多达七八节课，加上必须参加的校内外活动，空余时间非常有限。而每天的课程大多是新课，如果每门课程都要进行详细周密的预习，时间上就不允许了。

因此，我们要根据各自每天的空余时间来决定预习的科目。对学习起来有困难的学科要优先考虑，花比较多的时间做好预习工作，对自己能很好掌握的课程预习时就可以轻轻带过。另外同样的课程，对基础较薄弱的学生来说，平时预习要注意补缺、巩固旧知识；对基础扎实有研究能力的学生，预习工作就可以变成深入的自学性学习。在时间相对比较紧张时，课前预习一般在20分钟左右；如果时间比较充裕，预习可以充分点，多搞一些阶段性预习。

第二，针对学科的特点采用不同的预习方法。不同学科有不同的学习特点，比如数理化等理科课程，知识的特点多以抽象的逻辑思维为主；而语文、外语、历史等课程，就多以形象思维为主。这些不同的知识特点体现在学习方法上，就不一样，预习也是如此。例如，英语预习要特别注意词汇，通过看音标学习单词，并学会独立拼读；对于一些难记的单词，可以通过对比同根词、同前缀词、同后缀词、同义词、反义词等方法进行记忆。而像物理这样的课程，逻辑性较强，最好采用较精细的方式进行预习。同时，同一学科，在不同的学习阶段其特点也不尽相同。因此，在不同时期，面对不同的学科，我们不能盲目滥用预习方法，而应该科学地进行预习。另外，对自己觉得较差的一

科或者几科，要加强预习，多用时间。

第三，作为一种好的学习习惯，预习要持之以恒。预习的效果是明显的，但这并不意味着一旦你持续两个月保持这种习惯后，你的学习成绩就会有大幅度的提高。毕竟，学习成绩的提高，并不能单单靠预习来解决，否则本书其他部分就可以省略了。只有在搞好预习的同时，也搞好其他学习环节，才能取得满意的结果。有些同学意识不到这一点，他们往往在经过一段时间的预习后，发现学习成绩并没有明显的提高，就想放弃预习这种习惯。这种想法显然是错误的。

第四，切勿搞形式主义的预习。有些同学听了老师和同学们的劝告或者看了本书后，决定要坚持预习，但是他们在预习时并不用心，走的是形式主义的道路。这是达不到预习的效果的，反而会浪费原本就相对短缺的时间。所以，预习的质量是预习的重要目的。而且，我们发现预习的质量是不断提高的过程。所以，预习不能浅尝辄止，而应该持之以恒。一个原先不习惯于预习的人，刚刚开始预习时，预习质量肯定不会太好。不过随着时间的过去和对预习方法的掌握，他的预习质量也会不断地提高。

第五，根据教师的授课特点进行预习。不同的教师有不同的讲课风格：有的老师在上课时基本依据教材，把整个教材做一个全面的讲解；有些老师则喜欢对教材的重点和难点做讲解，之后就补充一些课外的内容以增加学生对教材理解的深度，而对一般性的、简单的内容则一带而过。对于第一种类型的老师，同学们在预习时应该重点把握教材的重点和难点；而对于第二类老师，同学们在预习时则需要扫清新课中的简单问题，并将之升华。

第六，预习时要充分利用好参考书，但是又不能完全依赖于参考书。有些人文知识方面的学习，参阅更多的课外书籍，可以收到意想不到的效果。例如，在学习《在烈日和暴雨下》时，可以通过课外书籍了解老舍写这篇小说的时代背景，这样有利于加深对课文的理解和认识。但是，有些同学喜欢使用课本的教师参考书，因为教师参考书有文章课后题目的解答，他们就可以非常简单地解答教材中所有的问题。对于这些参考书，我们认为不应该在预习时使用。如果非用不可，建议在复习的时候用。

第五章　听课：
向 45 分钟要成绩

认真做好课前准备

课前准备直接关系到课堂学习的质量。有的学生课堂学习效率低的原因并不在课堂，而是在课前没有做好充分的准备，并且许多学生往往忽视学习过程中的课前准备这一细微环节，从而导致不好的学习状况始终得不到改善。

（1）做好生理上的准备

学习是一项艰苦而复杂的脑力劳动，大脑是唯一能够进行学习和思维活动的器官。要想使自己的大脑保持清醒，并在整个课堂学习中都维持一种兴奋状态，就必须确保每天充足的睡眠，因为睡眠可以使脑的功能得到最大限度的恢复。同时，还必须为当天脑力活动提供足够的能量供应。

据调查，现在很多中学生睡觉晚，原因亦很多。有的是学校搞题海战术，作业布置得太多；有的是自己贪玩不抓紧时间，功课全挤到晚上；有的是不善于利用时间，做事情磨磨蹭蹭；还有的是晚上看电视没有节制。这些都导致不能按时睡觉。由于睡眠不足，课堂学习中大脑的活动处于一种半抑制的疲劳状态，学习效率自然不高。

有的同学因为早上时间紧，不吃早餐，整个上午的学习是在饥饿状态中进行的。有的甚至养成了不吃早餐的习惯，虽然自己已感觉不出饥饿，但因身体长时间没有能量补充，血液中缺糖，大脑活动根本无法进入兴奋状态。特别是到上午第四节课时，一些不吃早餐的同学常常因饥饿而使学习分心，连听课注意力都无法集中，更谈不上去理解和思考问题。

还有的同学课前做剧烈的运动，使血液流向肌体的各个部位，造成大脑供血不足。这样也会导致开始上课的好长一段时间注意力不能集中，听课效率不高。

因此，同学们要想提高课堂学习的效率，首先须做好自己生理上的准

备，它是上好每节课的先决条件，是课堂脑力活动的物质基础。

（2）做好心理上的准备

有的学生只要进课堂，就感到腻烦，一见教师走进教室，就感到不自在，觉得上课没意思，完全没有求知的需求和欲望，总盼着快点下课。这是一种极不好的心理状态。在这种心理状态下，课堂学习往往收效甚微。

有的同学上课抱着一种猎奇的心理，随心所欲，一切从个人兴趣出发。自己认为有意思、爱听的地方就听，认为没有意思、不爱听的地方就不听；想听的时候就听一会儿，不想听的时候就开始走神，想一些与课堂无关的事情，甚至于干脆去做其他的事情。这样听课显然也不会获得好的效果。

还有的同学课下争分夺秒——下象棋、下围棋、看武侠小说，聊起天来滔滔不绝——讲足球、讲歌星，讲前一天晚上看过的电视、电影，或是为了某一问题和其他同学辩论得面红耳赤。上课铃响，人虽坐进了教室，而课间活动的兴奋余波仍未消失，待自己的心情平静下来时，老师的新课已讲过一半。

由此可见，课前的心理准备也是十分重要的，正确的态度是：以平静、轻松和愉悦的心情迎接新课和老师的到来；应该想到在新的一节课里自己又将学到新的知识和本领，从而感到兴奋，产生一种心理期盼。只有在这种心理准备状态下进入课堂，才能确保获得听课的高效率。

（3）做好物质上的准备

上课的物质准备主要是指在课前准备好上课的各种学习用具，如课本、笔记本、钢笔及其他必备文具，连课堂上训练的草稿本也应准备好。现在的课堂提倡精讲多练，特别是理科教学，经常有随堂训练。教师以小黑板或是投影仪迅速地展示出习题，没有做好准备的同学这时才知道去找学习用具，手脚忙乱地去找笔，找草稿本。等他们找到这些东西，课前做好物质准备的同学可能已做完了训练题，他们的时间也就这样给白白地浪费掉了。同时因为找东西中断了自己的听课思路，漏掉了新课练习的某一环节，为后续的听课又带来不良的影响，听课效率自然不会高。所以，每个学生都应养成上学前整理好书包、上课前做好准备的良好习惯。

（4）做好知识上的准备

　　知识的准备主要是通过预习来实现的，应该说它是决定听课效率高低与否的最主要的因素，是最为重要的课前准备工作。由于在预习过程中了解了新课的学习内容，排除了听新课的知识障碍，课堂学习也就主动多了。若在上课时因涉及旧知识、旧概念而影响到新知识的学习，那就说明上课前的知识准备没有做好，应及时改进和加强。

专心上好每一节课

　　获得在校学习的主动权，专心上好每一节课是关键。课堂上若能解决当天新课学习的问题，课下除了完成作业外，其余的时间就全部成为个人的自主学习时间。你可以去看看书，如看课外读物，预习第二天的新课内容；你可以根据个人的学习状况，选择做一些课外练习，或是补差，或是提高；你可以参加一些课余文体活动，唱唱歌、打打球；你甚至可以走进第二课堂，到那里去培养和发展自己的某些创造才能。而那些课堂学习效率不高的同学，情况却恰恰相反，他们把许多课堂上应该解决的问题留到了课外，加重了课外学习的负担。因为时间不够用，要么不能完成当天的学习任务，要么靠"开夜车"打疲劳战维持每天的学习运转。但这是不可能维持长久的，且按照这种方式学习，永远也不会掌握学习的主动权。如果有的同学至今仍是这种学习状况，那么请首先从专心上课做起。

　　（1）端正课堂学习的态度

　　既然课堂学习是学生获取知识的主要渠道，那么课堂学习就应该是学生学习生活的一种需要。心理学告诉我们：需要是人类一切活动的动力源泉，人所体验的需要越强烈，由它引起的活动就越有动力。一个学生只有产生了课堂学习的需要，他才可能形成渴求课堂知识的欲望，那种厌学的情绪也就不复存在了。同时它还会促使我们从各学科学习的需要出发，听好每一节课，学好每一门学科知识，而不会只从兴趣出发去听课和学习。即使有时遇到棘手和枯燥

无味的学习问题，或者当自己身体有所不适时，也会调动意志的力量，以强烈的求知意识去控制自己的注意力，进而专注地完成课堂学习。

（2）尽快进入学习状态

上课的铃声一响，当你坐进教室，你就应迅速进入学习的积极状态。利用从预备铃声到正式上课的两分钟时间，你可以回忆与本节课衔接的内容，你也可以回忆预习课文的思路和没有解决的问题。由于一上课就回忆和思考着迫切需要解决的问题，你自然便会很快进入状态。有经验的教师为了调动学生的注意力，尽快切入课题，往往一开始上课便会启发性地提出问题，引导学生思考。这时同学们应顺着老师的思路，把自己"带入"课堂。许多会学习的学生很注意听课的开头和结尾，其中，注意"开头"就是使自己尽快进入学习状态的有效方法。

（3）全神贯注地听课

有的同学以为上课时只要人坐进了教室，并且还做了课堂笔记，那就是参与课堂学习了。这实际上只是在外表形式上参与了课堂学习。少数同学人在课堂，但神情飘忽，东张西望；或者人虽端坐，却呆若木鸡，面部毫无表情；一些低年级的同学还可能上课做小动作、玩东西、讲话、传纸条、和邻座的同学挤眉弄眼、给老师或同学画肖像等。这些都是最为典型的人在课堂而"神"不在课堂的表现。试想，这样的听课状态如何能实现学习的高效率？

心理学告诉我们：人在注意某一事物时，大脑皮层的相应区域就会产生一个优势兴奋中心，这个优势兴奋中心是大脑皮层对刺激物进行分析和综合的核心，因而能对注意到的事物产生清晰和完整的反映。同时由于兴奋与抑制的相互作用，大脑皮层其他区域所受的刺激在一定程度上受到抑制，因而会忽视同时存在的其他事物。如果大脑皮层同时有几个兴奋中心，就会出现注意力分散的现象，即通常所说的分心和走神。

同学们可能都听说过这样的故事：牛顿在思考问题时把手表当鸡蛋放进了锅里，陈景润冥思苦想"哥德巴赫猜想"，撞到树上还连声说"对不起"。这都是因为他们在思维活动中注意力高度集中（专注）的缘故。专注是学习和思维活动中的一项优良品质，人只有在专注时才能进入最佳学习状态，思维才能高度活跃、敏捷，有时甚至会产生灵感。因此，同学们在课堂上应排除一切干扰，克服一切不良习惯，全神贯注地听好每一节课。

（4）掌握课堂注意力的调换

人的注意力不可能长时间地保持固定的状态，而是经常间歇地加强或减弱着，这就是注意力的稳定性。中学生的持续注意力一般在20分钟左右，随着年龄的增大，注意力的保持时间也在延长。根据注意力的这一特点，有经验的教师常常在一堂课内以几种不同的形式组织教学，如讲授15分钟新课后，安排一定时间的讨论或进行随堂训练，或穿插一些演示实验操作，或在短暂的时间内以诙谐的语言调节一下课堂气氛以避免出现听课疲劳状况，维持注意力的稳定性。同学们也应掌握这一规律，主动跟上教师课堂上对注意力调换的节奏。

我们有的同学不重视注意力的调换，往往一堂课下来觉得很累；也有的同学注意力调换以后，不能随着教师的节奏重新回到原来的学习中来。如教师已经停止实验操作开始讲授新课，而这些同学的注意力仍停留在已做完的实验上，或是仍停留在教师安排的某些有趣的课堂"插曲"上，即不能根据新的学习要求，主动地将注意力从一个对象转移到另一个对象上。同注意力的稳定性一样，注意力的转移也是学生的一项重要能力。因此，同学们在平时的学习实践中应有意训练自己的注意力，以培养良好的注意品质。

（5）做到"听"和"讲"同步

每堂课的教学内容、进度，是教师根据教学大纲的要求，课前就已经拟定的。学生听课的过程中出现问题，若不能当即提问解答，可以先放下（如在有关问题的笔记处打一个"？"）存疑，继续听讲后面的问题。切忌死死纠缠着某一问题一个劲地往下想，结果中断了听课的连续性，造成一步掉队，步步跟不上的情况发生。应使自己的听与教师的讲课同步。至于遗留的问题，可以在其后课上适当的时候提出，或在课后与老师、同学讨论求得解答，有的时候前面遗留的问题是会在后面的听课中自动解决的。实践证明，听课时存疑，带着某些问题听课，会使后面的听课更专注，思维更深入和活跃，且往往能提出一些较为深刻的学习问题。

（6）勤做课堂笔记

听课只动用了听觉和视觉器官的功能。心理学认为，人的大脑活动区域是有分工的，大脑同时活动的区域越多，则大脑的积极性发挥就越充分。边听课边记笔记可调动大脑更多部位同时活动，有利于大脑功能的增强和学习效率的提高，同时也可避免走神。但要注意，上课时仍以"听"和"想"为主，切忌不分主次地"满堂记"、"满板记"。假若"记"跟不上"听"和"想"的要求时，可将"记"留待课后再做笔记整理。不要为了"记"而影响"听"和"想"。

有的同学课堂笔记做得很漂亮，一堂课的主要精力花在了做笔记上，常常为了看不清黑板上的一个字或一段话或者笔记跟不上老师的口述速度，而不断地去问周围的同学，甚至将别人的笔记本借过来抄。这样不仅失去了做笔记的意义，将课堂"听"和"记"本末倒置了，而且也影响了课堂秩序，干扰了教师的教和别人的学，是极不足取的。

（7）做课堂学习的主人

做课堂学习的主人，就是要主动、积极地参与课堂内的全部学习活动，不当旁观者。如果一堂课是一场戏，那么课堂内的每一个同学都应该是这场戏中的一个角色，并且人人都应争唱"主角"。这里所说的"参与"，主要是指参与课堂的各种思维活动；这里所说的"争唱主角"，主要是指大胆发言和参加课堂讨论。

同学们可能都有这样的体会，某一个问题曾在课堂上被老师提问过，即使当时曾经答错，但往往在很长时间内对这一问题仍有清晰的印象。这是因为参与讨论时的思维活动比平常状态下要活跃得多，它调动了人体感知事物的多种器官，因此在头脑中形成的刺激更强烈。每一个同学在课堂上都应争取参与讨论和发言，争取发言就是争取到一次使知识强化的机会。如果我们的每节课都以这种积极的思维状态投身于课堂，试想，自己的听课效率能不提高吗？

课堂上回答问题脸红心跳怎么办

在课堂上回答问题，脸红心跳的主要原因是胆怯与自卑感的影响。一是与不愿意力争上游的性格有关，缺乏综合素质的锻炼。二是课前预习准备不好。应该重点说明的是胆怯与自卑的影响。在生活中胆怯与自卑心理危害很大，在今后的学习生活中，怎样克服这种不良心理呢？

（1）从改变性格入手

在学习生活中，要养成爱说爱笑，活泼开朗的性格。在各项活动中，要自觉锻炼自己敢想、敢说、敢做的大无畏精神，不要前怕狼后怕虎。

（2）加强心理素质的锻炼

心理素质的锻炼主要指意念、信心和胆量的锻炼。对自己要做的事及要回答的问题都要充满信心。在群体活动中要抛弃自卑感，总是想"我行，我一定能成功"。例如，在你回答问题的时候，要鼓足勇气，相信自己一定能答好。在发言中，不怕错，不怕人笑话，说话不要快，边想边说，有时可以先列一个小提纲，这样就可以减轻心慌意乱的感觉。

（3）加强表达能力的锻炼

语言是人际交往、表达思想的工具。同样是一件事，有人会说得你眉开眼笑，心甘情愿地做事，也有的人会说得你怒发冲冠，拂袖而去，可见语言表达的不同导致的差异很大。练好你的表达能力非常重要。怎样练呢？要加强阅读和思考的锻炼。阅读包括朗读、默读。朗读能锻炼语言的流利、情感的充沛。默读与思考紧密相连，都能为表达能力的提高打下基础。锻炼表达能力，还体现在以下环节：一是在课堂上、班团会上要积极发言，不要怕错；二是在课间时，要主动地与周围同学打招呼、聊天、交流思想等。

此外，课堂上回答问题脸红心跳的另一个原因，可能因为功课准备得不好。老师让背诵的课文没有背下来，留的作业没有完成，老师要提问的内容答

不上来，害怕老师提问。倘若老师真的问到，你必然会感觉到脸红心跳的。为了改变这种紧张状态，除了平时有意识地加强自我语言表达能力的锻炼以外，还应该在课前做好复习和预习。回到家里，不要认为写完作业就没有事干了，老师没留的练习题也做一下，估计老师可能提问的地方要认真复习。这样，课堂上当老师再提问时，就不会脸红心跳了。

为什么在课堂上积极发言能提高成绩

某中学对2013年、2014年两届学生的期末学习成绩的最高分数段和最低分数段进行了调查，从对比的结果看：在最高分数段的70名学生中，课堂积极发言的有60人，不积极发言的只有10人；在最低分数段的70名学生中，课堂上积极主动发言的只有12人，不积极发言的有58人。调查结果显示，在课堂上能争取积极主动发言的学生，学习成绩也多数是优秀的，相反在课堂上不积极发言的学生，多数学习成绩差。

为什么说在课堂上积极发言可以提高学习成绩呢？学习成绩好的学生说：

在课堂上积极发言可以锻炼自己的胆量和表达能力、演讲能力，可以增强记忆力。

在课堂上积极发言能更多地掌握知识，鼓励自己上课认真听讲，跟上老师的思路，对学习有兴趣，接受新知识快，可以利用学过的知识把自己的想法说出来，从而能提高学习成绩。

从检验知识、掌握知识的标准与手段方面来说，课堂上积极发言可以促进积极思考，接受知识快，知道自己会不会，检验自学的效果好不好，老师也能了解你知识掌握的情况。课堂上发言让老师听一遍可避免出错，答错了老师可以给予纠正，答错了印象深刻，坏事可以变成好事。

从这些切身体验可以看出，在课堂上积极发言，不仅能锻炼自己的胆量，增强语言的表达能力，而且更重要的是能使你提高学习成绩。

而那些课堂上不积极发言的学生，绝大多数是怕说错，怕批评，怕同学笑话，也有的是上课不注意听讲，有些难题不会，又不敢问，这些都是他们学习成绩较差的根本原因。由此看来，中学生们要打消一切顾虑，要想提高学习成绩，必须在课堂上注意听讲并积极发言。

如何抓住每节课的重点

每一堂课上，老师讲课很少会像记流水账一样平铺直叙，大多数时候有铺垫，有引申，并通过种种方式来帮助学生加强印象。对学生来说，听完一节课就像是跟着老师做了一次旅行，头脑要不断思考新的问题，眼睛要不断注意新的景色。如果不能从老师的讲述中辨别出什么是重点以及它和其他知识之间的关系，这样听课可以说是失败的，必然会被逐渐遗忘掉。因此，每个同学在听课时一定要学会抓住每堂课的重点。

一般来说，老师所讲的内容都要认真地听，但有时候为了照顾不同层次的学生，老师也会采取一些不同的方式讲不同层次的内容，这时就要根据自己的实际情况来听。老师讲课的内容主要有：基本概念、基本理论、基本关系式等；同学们预习时没有搞懂的内容；同学们最容易混淆和出错的地方；需要补充的重要内容。我们应该有选择地听，即抓住对自己有重要意义的关键内容来听。

曾获得"优秀中学生"称号的王翠花同学说："课堂教学进度一般以中等学生的理解能力为主，顾及差生的能力所及。这样一来，基础比较好的学生会产生'吃不饱'的感觉。那么，这些学生的听课方式大可不必'专心致志'，主要听课内容为规律性的知识以及老师讲的解题方法、解题思路等。而对于那些常规的、纯属老师'炒剩饭'的部分，则没有必要一板一眼地去听。这时，可以看一些与课堂所讲内容有关的书籍，扩大自己的知识面，增长自己

的见识。当然，这需要我们大家对自己的实力有一个正确的估计，千万不可眼高手低，顾此失彼。"

要抓住听课的重点，首先是要根据课前预习的情况，重点听在预习的时候没有弄懂的部分，仔细听老师的讲解，争取把疑难问题解决。其次，要抓住老师讲课内容的重点，要善于从老师所讲述的内容中去捕捉有用的关键信息，如定义的阐释，公式、定理的推导以及解题的方法等，还要注意老师是如何导入新课、做小结等。

在听课时，我们有时也会有发生"卡壳"而跟不上老师讲课思路的情况，这是学习中常有的现象。这或者是老师引用的旧知识自己掌握得不太扎实，或者是老师在讲述中采用了某种新的思维方法，或者是老师讲课速度太快，自己还不太适应。这时千万不要放弃，最好的办法，是暂时将"卡壳"的问题放下，接着往下听，待到老师讲课告一段落乃至下课后，再去问老师或查阅教科书。

还有一点必须注意，同学们在抓课堂重点时，一定要好好抓住开头和结尾。有的同学在听课时，常常忽视老师讲课的开头和结尾，错误地认为，开头语不是正文，可听可不听；结束语则是正文的重复，既然前面已经听过了，就可以不用再听了。因此他们在上课开始和结束时常常心不在焉，这是大错特错的。实际上，老师讲课的开头，虽然往往只有几句话，但却是整节课的提纲。我们只有抓住这个提纲去听课。下面的内容才能清楚，才能知道应该做什么，该按照怎样的步骤去做。结尾的话虽也不多，却常常是一节课精要的提炼和复习的重点，有着不容忽视的作用。

总之，老师讲课的开头和结尾是相互照应的，它们对听课具有启迪、点拨的作用，必须注意和听好。抓重点，还要注意老师强调的部分。老师在讲课时强调的，在板书中用彩笔勾画的以及直接要求同学们注意的，都是重点知识，必须重点关注。

怎样才能做到专心听讲

我们常说，注意力是知识的窗口，不注意，知识的阳光就无法照射进来。一个注意力不集中、听讲不专心的学生，虽然天天身在教室，仍然是收获甚微。

要做到专心是很不容易的，最重要的是要克服走神（也叫"思想开小差"）的毛病。不少学生一方面抱怨学习时间太少，另一方面上课时又因走神而把大量的时间浪费掉。怎样才能保持注意力集中，做到专心听讲呢？

（1）要寄希望于课堂

前面说过，课堂学习占据了中学阶段的大部分学习时间，如果不充分加以利用，不在教师的指导下提高觉悟、增加知识和提高能力，那就等于丢掉了最重要的学习时间。优秀生的一条重要学习经验是寄希望于课堂，而不是寄希望于课下，要通过提高课堂的利用率，来减轻课下的学习负担，提高学习质量。有了这种认识，课上就不容易走神了。

一个学习态度端正、学习目的明确、希望通过课堂学习来满足自己强烈求知欲的学生，是不容易在上课时走神的。

（2）尽快进入学习状态

预备铃一响，就要迅速进入积极的学习状态。可以回忆上节课老师讲的内容，也可以回忆预习时的思路和没有解决的问题。由于一上课就想着迫切需要解决的问题，就会积极主动地听讲和思考，"外物"就不易侵入了。

（3）不要钻牛角尖

上课时，老师总要从一个问题讲到另一个问题。如果第一个问题你没听懂，不要在课上死钻牛角尖，而要先记下来，接着往下听讲，不懂的地方留待课下再去钻研，这样就可以保证听课的连续性。假如第一个问题没听懂，就一个劲地想，可老师却不会因为你在思考这个问题而停止讲课，等你从牛角尖中

醒悟过来时，听课的连续性已经遭到破坏，思路也接不上了，造成一步掉队，步步跟不上，整堂课全听不懂的后果。上课时钻牛角尖的现象属于注意力不能及时正常转移的走神，在学生中比较普遍。为了避免这种现象的出现，上课要紧跟老师的思路，有问题记下来下课再说，保持思维的灵活性。

（4）要当课堂的主人

要当课堂的主人，就要积极参与课堂内的全部学习活动，不当旁观者。具体说，就是要积极思考老师提出的每一个问题，要认真观察老师的每一个演示实验，要大胆举手发表自己的看法，认真参加讨论，有选择地记笔记等。由于积极参与课堂的学习活动，专注于课堂学习的中心内容，自然就不容易走神了。

（5）课间不要从事过于兴奋的活动

有的学生在课间十分钟看武侠小说或侦探小说、下象棋、议论外出旅游的过程，或者为了一个问题辩论得面红耳赤……上课铃响了以后，由于上述活动引起的兴奋尚未消失，头脑中往往还在想武侠的打斗、案子的侦破、下棋的胜负……这些"兴奋波"的存在直接干扰了正常的听课，影响听课效果。

也有不少学生常常利用课间做作业，这种做法也不可取。做作业引起的兴奋，也会在上课时因作业问题而走神。再说课间做作业使大脑得不到休息，也不符合用脑规律。

课间十分钟最好离开教室，到外面散散步，呼吸点新鲜空气，也可以做些不太剧烈的体育活动，通过积极的休息，及时缓解大脑的疲劳。

怎样适应不同老师的教学风格

在听课活动中，一个学生同时面对各学科的教师，不同的教师有不同的性格特点，不同的教学习惯、教学方法。对不同的老师采用同样的听课方法是同学们在实际听课过程中最常出现的失误。因为，这样往往无助于提高听课效率。其实，听课方面也应该"因师而异"，只有这样，才能在听课的过程中做到有效沟通，高效学习。

（1）怎样适应"脱轨型"老师

所谓"脱轨型"，是指一味地追求课堂活跃，以至于偏离了主题，跑得没边没际，甚至和学习一点都沾不上边。例如，上课时会一连说好几个笑话，逗得同学们笑声不断，但实际上同学们并没有从中学到很多实际、有用的知识。尤其是到考试的时候，许多同学因为脑中一片空白，无从下笔，甚至会有一种受老师骗的感觉。遇到这种情况，学生必须由被动变为主动，清醒地把握住自己，明确自己这一节课到底需要掌握一些什么知识内容。

北京市某中学的一个学生就是用这种办法来适应英语老师的。他的英语老师刚大学毕业两年，讲课时，总是一上来就说几个笑话，逗得大家哈哈大笑，然后东拉西扯，常常课还没讲多少呢，下课铃就响了。这个学生一直很苦恼，因为他觉得学不到东西。怎么办呢？转学吗？换班吗？这都不现实。后来，他想了一个往回"拽"、往回"拉"的听课办法。

这个办法的具体做法是，预习时，将该课的知识点列成表，听课时从老师的话语中找，找到一个画掉一个，用这种方法往课本回归。听课时，他一边听一边看列的知识点，老师讲到了，就画掉一个，没讲到，下课后去问老师，或者自己再认真看看。这么一来，总算是沙里淘金地能学到一点东西了，一节课不至于稀里糊涂地混过去。

（2）怎样适应"教科书型"老师

所谓"教科书型"，是指上课内容以教科书为主，讲起课来滔滔不绝，但没什么新鲜内容。学生听课时，很容易打瞌睡。如果遇到这样的老师，为了防止自己打瞌睡，事先必须下一番功夫好好预习，弄清这堂课将学习什么内容，这一堂课的重点和难点是什么。

天津市某中学的一个学生就深深地领教过这样的老师，但他最后还是想出了相应的解决办法。他的政治老师从来都是照着课本讲课，讲得同学们都快睡着了，听课效果特差。后来，他想出了一个办法，来应对这位老师：

首先，前天晚上认真预习，弄清这一节课的中心内容、基本框架；其

次，带着问题去听课。一边听老师照本宣科，一边在心中发问："这是个重点，怎么没讲到呢？"这么一来，原来枯燥无味的听课过程就变得生动有趣起来，而且还容易跟上老师的思路；最后，听这种课，笔记基本不用做，课本上都有。不过，在老师读课文的过程中，可以画出重点和难点来，以便于以后复习。

（3）怎样适应讲课快的老师

教师讲课快是一种普遍现象，在多数情况下，教师是为了赶教学进度而不得不这样做。所以，同学们一定要想办法改变自己。认真做好预习工作是至关重要的。明确了听课的重点，上课时认真地听，听课质量就会大大提高。如果还不行，课后补，仔细消化一下，直到弄懂为止。

中学生的课程较多，接触到的老师也很多。老师们的讲课风格远不止上述三种，每个学生都要学会总结方法，努力使自己适应各学科任课老师的方式和风格，只有适应了，才能把自己的学习兴趣和积极性调动起来，才能把这门课学好。

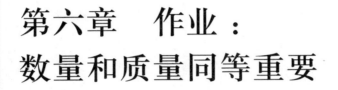

第六章　作业：
数量和质量同等重要

充分认识作业的价值

做作业是系统学习不可或缺的一个环节。为了真正掌握上课所讲的知识，必须要有某种方式进行检验，作业就是这些方式中的一种。作业有利于进一步巩固和消化课堂学习的效果，有助于培养和锻炼分析问题、解决问题的能力。我们之所以做作业，是为了有意识地运用知识，加深对知识的理解；通过解题总结运用知识的方法与技巧，同时感受运用知识的推理过程；构建解题框架，培养形象思维能力，培养整体意识；训练解题速度，培养眼、手、脑之间的协调能力。

但是，有些同学对为什么要做作业存在一些不正确的认识。他们认为作业只是老师布置的任务，是老师的要求，只要第二天能够交给老师就行了。他们甚至把做作业看成一件苦差事，完成作业只是完成老师交给的"任务"，以致做题效率低下。这种被动完成任务的观点，是完全错误的。

做作业，是进一步消化和巩固所学知识、检查对所学知识的掌握程度、培养运用理论分析和解决实际问题的能力以及训练推导、运算、文字表达等方面技能的重要环节。作业的作用主要有以下几个方面：

（1）检查学习效果

拿起作业题，不用翻书查找，不用请教老师和同学，势如破竹，这就说明了自己预习、上课、课后复习的效果是好的。相反，面对作业题，不知从何入手，也不知参考什么书，请教别人连问题也说不清，这说明自己在前面的学习环节中脱了节。

有的同学很自信，自认为对知识全都理解，不需要做题了。其实，这是不懂装懂。不能仅仅依靠自己的想象，而要在做作业中进行检验。通过做作业，来检查学习的效果，以便扬长补短，及时进行复习。

（2）加深对知识的理解和记忆

通过课堂学习，对新概念、新原理可以做到初步掌握，但在各种不同的具体情况下，对于如何应用这些新知识还不太清楚。而做作业正是对知识的具体应用，使知识的掌握变得更加准确、灵活和充实，使新知识不再是一种空洞的条文或死板的公式。实际上，不少同学正是通过做作业，搞清了容易混淆的概念，明白了事物之间的关系，公式的变换运用也更加灵活。可以说做作业实际上促进了知识的"消化"过程，使知识的掌握进入应用的高级阶段。

初二的学生学到"力的单位"时，引入了一个重力单位——牛顿，并引出了重量和质量的关系式：重量=质量×9.8牛顿／千克。

初看起来这些知识都不难理解和记忆，可是，要在具体情况下灵活地应用这些知识，就需要认真及时地做一些作业了。正是为了这一目的，书上安排了下列作业：

①某同学的质量是50千克，他的重量是多少牛顿？

②搬起一块质量是25千克的石头，至少需要多少牛顿的力？

③某举重运动员能举起170千克的杠铃，他能不能举起重量是1500牛顿的一块钢锭？

一个学生若能独立、准确地完成上述作业，那么，他对质量、重量之间的关系基本上就搞清楚了，也可以记住了。

（3）促进相应技能的形成和智力的发展

作业、练习、应用是使知识转化为技能和能力的必要途径。只有应用知识，才能形成相应的技能。例如，数、理、化作业有利于形成解题技能、操作技能；政、史、地作业有利于形成写作技能、绘制地图技能、解题技能等。另外，做作业也可以提高分析问题、解决问题的能力。在做作业的过程中，要动脑筋思考问题，从而使智力得到实际锻炼，久而久之，能力就逐渐得到提高了。

（4）为总复习积累资料

作业题一般都是经过严格选择编写的，有一定的典型性。做完作业之后，若按照知识体系进行分类整理，使每一部分知识都有相应的作业习题与其配套，这样，在复习的时候，翻阅一下自己平时的作业，就会留下深刻的印象，对复习很有好处。

做作业的四个基本步骤

做作业可分为四个基本步骤进行。

第一步：准备。

开始做作业前，首先应将有关的学习参考资料和各种文具准备好，以免学习中因去找东西分散自己的注意力。同时可以在桌边放一个小台钟，根据学科的作业量，先给自己规划一个时间，坚持按时完成作业。有些同学解题慢，思维不敏捷，就是因为平时做作业不讲速度，长此以往，也就形成了坏习惯，造成考试时经常做不完试题，直接影响到自己的学习成绩。

当然，更重要的准备，还是要做好作业前的知识准备，每一个同学一定要养成先复习后作业的学习习惯，即做作业前先看书，复习当天所学新课内容，弄懂新知识以后再去做作业。

第二步：分析题意。

分析题意也就是在认真读题的基础上，弄清题目中所给予的条件与问题，明确题目的要求。从心理学的观点来看，即了解课题中的条件（给予条件）与任务（问题），从而了解课题的基本结构，在头脑中建立起课题的印象。

分析题意是积极的智力活动，不仅要分析明显的条件，更重要的是要发现隐蔽的重要条件，要从复杂的矛盾中找出主要矛盾。有的同学不认真分析题意，在还没有弄清题目的条件与要求时，就急于猜测或盲目尝试，形成盲目解题，也有的表现为忽视或遗漏某些情节或数量，从而造成粗枝大叶的错误；还

有的同学不能在解题过程中始终记住题意，因而出现中途"跑题"，这时不得不把解题的过程中断而又去重新读题，这些都是在解题时应该注意的问题。

有的教师要求学生在数学解题时"三读"题目。一是初读，即了解性读题，通过初读，弄清题目中讲了一件什么事情，已知条件是什么，要求的问题又是什么。二是复读，一般要求注意：弄清题目中难懂的或易混淆的词语，弄清题中没有明显给出的数据和同运算无关的多余数据，弄清某些倒叙题的题意。三是重读，即检验性的读题，它一般用在习题的检查过程中。像这种分析题意的程序和方法是值得借鉴的。

第三步：答题。

答题是指审题后把解题的思路和结果用文字表达出来的过程，是一个既动手也动脑的过程。已经想到的东西能否用学科术语和符号表达清楚，并且要求文字精练和准确，这当中的确还需要下一番功夫，需要对已经获得的解题思路进行再加工。有些同学分析、解题的能力并不差，但答题能力却很糟糕，考试时常常因为文字表达不清或语言不到位而失分，使自己的学习水平达不到高的标准。因此，平时就应该加强这方面的训练，不要自以为习题已经弄懂了而忽视答题过程中的文字表达。要想提高答题的质量，至少须做到以下三点：

准确：做作业要认真细致，专心致志，争取一遍做对。钱学森先生说过："科学是严肃的、严格的、严密的，是不允许马虎的，所以科学技术工作者必须首先有良好的科学工作习惯。"这种科学工作习惯不是凭空得来的。它要求我们从平常做起，每做一次作业，每做一道习题，都应该精益求精。从学生时代起就应该树立"三严"的学风，培养"三严"的学习习惯。

快速：练习不能不讲效率，做练习题不仅要做得对，而且要做得快。要想做得快，经验只有两条：一是靠对学科知识钻研得透彻；二是靠平时的刻苦练习。"快"实际上是勤学苦练的结果。在平时的练习中，如果同学们每天都能按规定的时间完成规定数量的作业，你的解题速度就一定能够加快。这样做不仅是对自己解题速度的训练，而且可以提高学习效率，使你每天都能腾出更多的时间进行其他的活动。

规范：这就是要求我们在解题时严格按照规定的格式进行，横平竖直，清晰整洁；同时要条理清楚，言简意赅。从一个同学的练习作业中，可以看到其性格和作风，可反映出这个同学所具备的基本学习素质。有的同学答题从不讲究其规范，久而久之，他回答问题的逻辑思路也会出现混乱。批改这些同学的作业不仅使老师感到头疼，而且它直接关系到对本人的学习素质的培养和良好习惯的形成，因此不可小觑。

第四步：检查。

习题做完以后，对作业进行检查，是确保作业质量不可或缺的一步。尽管我们力求作业能"一遍做对"，但这只是我们追求的一种最理想的目标，有时候习题多，时间又紧，或是对新知识的运用还不太熟练，作业中出现这样或那样的错误，是常有的事情。通过检查，及时发现错误并改正，这不仅是一种学习要求，而且也是一种学习方法。

至于完成作业后应如何检查，这要看自己的学习基础和可自由支配的学习时间。作业量少，时间多时，可以进行全面的检查；反之则进行有选择的重点检查，一般选择那些解题时感到棘手或把握不准的习题，当然也可以选择那些运用本节新课的重点知识内容的习题。

如何高质量完成作业

做作业的目的是为了巩固知识、深化理解、熟练技能。作业是一种特殊的复习，要充分利用作业促进学习效果的提高。

就当前的现实情况看，同学们花在作业（包括各种书面的、非书面的）

上的时间仅次于上课的时间，有的甚至超过了上课的时间。

这种情况在中学里更为严重。尽管一再提倡"减负"，但过分沉重的作业负担并没有真正减下来。在这种情况下，如何利用作业提高成绩，就显得非常重要了。

我们提倡：减少简单重复的无效劳动，代之以高质量的适量的作业。作业贵在"精"，不在"多"，提高做作业的质量才能提高学习的质量。

（1）课后作业一定要按时做

既然作业是特殊的复习，按时做作业就是及时复习。作业拖拉，就失去了它的复习作用，应当改掉这种不良习惯。

（2）先复习后做作业

多数人提倡先复习后做作业，具体是指做作业前先好好看看课本，复习要点之后再做作业，这样可以避免走弯路。

也有人提倡边做作业边看书。这样"尝试"作业，可以发现问题，然后再有的放矢地进行复习。

尽管表面上形式不同，但实质都是把作业与看书复习结合起来。具体怎么做，同学们可以根据自己的习惯在实际中摸索。

（3）作业先要独立思考，然后再请教别人

作业中发现不懂的问题，不要自己不动脑就去问别人，应当首先通过自己看书思考，自己能解决最好。因为这样理解深刻、记忆深刻。

（4）养成认真检查作业的习惯，不要做完一交了之

检查包括重新审题，核对解答过程，核对答案。这样检查看似耽误时间，但一旦养成习惯，并不误事。养成良好的作业习惯，不仅有利于平时学习而且有利于考试中减少失误。

有些同学做完作业后，喜欢马上与别人对答案。这种习惯很不好，一是容易养成不愿意动脑筋的坏习惯；二是经常与别人对答案，久而久之自己容易失去自信，产生依赖思想，一旦没办法与别人对答案时（如考试），就会对自己的解答没有了把握。

（5）认真改正作业错误，要搞懂原因，自己独立改正

有些同学对作业中的错误或者不改，或者仅仅改过不再深思。这些做法很不利于彻底弄清错误原因。最好把错题原封不动地保留下来，在作业后面接着重新做一遍。"保留错误"的目的是为了以后"复习错误"时提醒自己。

不要把错题用橡皮擦掉或者撕掉，这样只图形式美观却没有实际效果。

总之，对待作业错误要保留错误、分析错误、改正错误、复习错误。这样才能做到错有所得、错有所值，才能做到题不二错。

（6）不要忽视非书面作业

不要认为一说到作业就是写写、算算，就是书面作业。还有很多的作业虽不要求严格书写，但也是重要的。例如，思考某问题，朗读、熟读、背诵某东西，熟记某内容等。在实际中，很多同学认为这是"软"任务，不像书面作业那么"硬"，认为对"软"任务可以放松，这种认识是有害的。

怎样提升解题能力

解题能力是一个逐步形成的过程，没有哪位同学一下子就能成为解题高手。所以，在日常的做题练习中，要有意识地从普通解题到综合解题、从一题一解到一题多解来不断提升自己的解题能力。

2005年浙江省高考文科状元徐语婧说：

"从微观上看，数学的学习就是如何解出每一道数学题。我的经验是关注通法，即关注普通解题法，有余力再掌握一些技巧。由于文科的数学题难度一般都不太大，基础题（即用通法可以顺利解出的题目）占绝大多数。对于文科学生来说，老师上课的时候本身就会比较注重基础，首先讲的可能就是通法，那么这个时候就必须把老师讲的例题记下来。通法肯定会有一个固定的解题思路，上课的时候就得领会这个解题思路，课后最好再选一些类似的题目做一做，以便熟能生巧。"

为什么要关注通法呢？举个例子来说吧，解析几何对于文科学生来

说，由于是数形结合的一类题目，一般同学们会觉得比较难，通常放在高考题最后一题或者倒数第二题的位置，算是一个压轴题吧。这类解析几何题的通法就是把两个函数解析式联系起来解，虽然有些时候可能计算会比较麻烦，但是都能做得出来。这类题估计可能得有10分的分值，用通法一般都能够拿下，如果过于关注技巧，对有些题目就不适用了。

对此，徐语婧说："其实以前我的数学也不是非常好。我总结每次考试的经验，发现考得不好的时候不是因为那些难题做得不好，而是因为前面基础题错得比较多，导致分数比较低。所以我想应该重视一些基础，于是总结出了这个普通解题法。就高考的试卷来看，它的基础分可能会占到百分之七八十。如果你用普通解题法把基础题掌握了，一般取得中等成绩肯定是没问题的。你在掌握基础题的基础上，肯定能够活学活用，能够有所创新，再能拿到一些难题的分数，就能够获得比较理想的成绩了。"

其实解普通的题目也有多种方法，有通法，还有一些带有技巧性的方法。对于文科学生来说，通法更加重要一些，因为它能解答这一类型的所有题目，所以更实用。当然，学有余力的同学还可以研究一些技巧，但不提倡钻得太深，因为这样会浪费时间。事实证明，通法掌握好了，高考一般都能取得优秀甚至是拔尖的成绩。

我们再来看看综合解题能力。现在，大多数学校在学完某一章节或某几个章节后，都会有一次随堂考。为什么要将这两类考题放在一起说呢？这是因为在学习过程中，章节考试得高分，综合考试却不行的现象相当普遍。要知道，考试考的就是综合能力，分开了都知道，合在一起就傻眼是无法取得好成绩的。

因此，我们在每做一道题时，都要认真想一想，这道习题用了哪些概念和原理？解题的基本思路和方法是什么？这道题考查的意图是什么？除了这种解法以外，还有没有别的解法？这些解法中哪一种最简捷、最恰当？

要知道，有不少习题，客观上存在着多种解法，要善于钻研，通过对各种解法的比较，确定一种最佳解法并记下来。这样做题，从表面上看和别人一样，实际上质量却是很高的，做题的遍数也比别人多出好几倍，因为它是从多种解法中优选出来的"最佳方案"。

做题时还要注意选择习题的内容、形式及解题方法的多样性，对于某些重点知识，可利用习题的变化形式从多个方面进行训练，以强化对重点知识的理解，获得有关的解题技能。在解题过程中经常进行一题多解的训练，以避免自己形成某种固定的思维模式，克服学习定式的消极影响。

及时纠正作业中的错误

学习心理学告诉我们：一种心智活动的发生，在大脑皮层首先形成的只是一种暂时的神经联系，但错误的暂时联系若得不到及时纠正，一经强化和巩固，以后便很难纠正。因此，对学习和练习中出现的错误，必须及时纠正。

教学实践的经验也表明：同学们在完成某项练习之后，往往迫切希望知道练习的结果，这时大家对待练习改错的态度，无论是自觉性还是积极性都是最高的，随着时间的推移，这种自觉性和积极性随之降低。所以，对练习进行评价以后，应趁热打铁，让改错练习在其愿望和动机都处于一种积极活跃状态时随即进行。这样不仅会印象深刻，而且使自己"某一时刻所发生的学习误差，能够在与以后的学习误差混合之前就得到矫正"。从而有效地克服"负积累效应"的影响。

作业中出现的错误，其常见错例大致有以下几类：第一，概念混淆致错；第二，计算粗心致错；第三，形式地套用公式致错；第四，旧知识遗忘致错；第五，题意理解不透致错；第六，思考问题不周致错。进行改错之前，首先应分析自己出现的错误属于哪一种类型，然后才能"对症下药"，有针对性地进行改错和补偿练习。改错的方式有多种，但概括地说，也可大致分为两类：一类是由教师指导进行的改错，另一类是学生的自行改错。学生完成作业以后，老师一般都会根据作业批改中发现的问题，组织典型错例评讲，分析错误的原因，然后引导同学们进行集体改错。有时候若老师不能

对作业——评改，或者是因出现的错误多，涉及面广，老师可能在课堂上安排同学之间相互改错或是小组互改，并引导同学们进行讨论，以加深对问题的认识和改错的印象。同学们应高度重视这种改错教学，应像上新课一样上好习题的改错课。

不过教师安排的改错教学毕竟受课堂时间的限制，对于作业中出现的错误，多数时候还是需要同学们自行安排改错。但无论是教师批改还是学生自评，发现错误后首先都应认真分析错因，然后复习有关方面的课文，重新掌握和透彻理解这些知识，最后才进行改错。不要误以为改错就是抄抄正确答案，或者是为改错而改错，改完错以后仍然没有真正理解有关的知识，以后题目的形式一变依旧出错，这样的改错显然是没有意义的。

一些不善于学习的同学，常常苦于自己提不出学习问题，这就说明学习中发现问题并不是一件很容易的事情，而知识的运用——作业和考试，恰恰是检验自己对知识的掌握和发现学习问题的最有效手段。因此，一旦发现问题，应牢牢地抓住不放，非搞清楚不可。放过练习中的问题，就会导致以后的学习出现新的问题，这是由学科知识本身的系统性所决定的。新旧问题混合在一块，再来纠正也就更困难了。为了避免学习中的这种"负积累效应"的影响，最简单和最有效的办法，就是及时改错。无论是听课中出现的问题，还是已经发现的练习中的错误，最好都能在当天解决，绝不能明日复明日，让问题积累成堆以后再来"算总账"，到那时你的学习就陷于被动了。

有的同学在改错时专门准备了一个改错作业本，名曰"错题集"。无论是平时练习还是考试，凡是做错的一些重要题目，他都在"错题集"里重做一遍，并按知识和出错的形式分门别类，妥善保存。以后进行复习时，一方面系统复习课本知识，同时"错题集"也成为他们非常重要的复习资料。建议同学们对各科练习的重点改错，都可以采用这种方法。开始时可能会花费的时间多一些，但随着自己学科知识的全面落实和良好习惯的形成，需要投入的时间和改错的内容会越来越少，而自己练习的质量也就越来越高了。

平时的作业本，也不要随做随扔，最好能分阶段、分门别类地装订和保存。这些个人辛勤劳动的成果，整理得好，就是一本本自解习题集，进行各个阶段复习时，也是大有用处的。练习的改错完成以后，最好能再安排一些与错题同类型的题做一做，以确保改错知识的巩固和检验改错的效果，这一过程通常被称之为"补偿练习"。现代掌握学习的教学过程，专门安排有"补偿练习"这样一个学习环节，从而为后进的学生实现知识的掌握和达标，提供了一次再练习的机会。

有时教师从一个阶段的学生练习和考试中挑选出典型错例，刻印成改错试卷。错例及解答刻在左边，改错内容刻在右边，习题改错课发给同学们重解并与错例对比，这也是一种"补偿练习"的方式。且由于错例来自不同的学生，所以代表性强，涉及面广，同学们通过对比练习，不仅矫正了错误，而且对错例印象深刻，有效地避免了今后再犯类似的错误。

综上所述，学习中对知识的运用，只有通过科学的评价并对出现的问题进行系统的矫正以后，才能算这一学习活动的完成，否则只能是知识运用的一个不完整的过程。许多同学常常忽视这一学习环节，以为在校学习只要听好了课，完成了作业，也就完成了一切学习任务，倘若希望自己的学习再深入一步，便不知道从何入手了。这样的学习显然是不会获得高质量的。如果有的同学至今仍为学习效率不高而苦恼，那么请检查一下，"评价矫正"这一学习环节你是否落实，假如没有落实，请从现在开始，踏踏实实、认认真真地去抓好这一环节，你的学习状况一定会得到改善。

第七章　复习：
提高成绩的摇篮

复习使知识得到了巩固和强化

复习是对学习过的知识的重复，但这种重复不是简单的重复，是更高层次上的重复。它是对已学知识进行深加工，概括出学科知识的本质，理清认识的思路，总结出学习的规律、技巧和方法，从而使新旧知识重组，形成有序的认知结构的过程。

通过复习，熟悉课本各个方面的内容，以实现对已学新课知识的牢固掌握。根据巴甫洛夫的观点，新知识在头脑中形成的只是一种暂时的联系，学习中的复习实质上就是使暂时联系的痕迹在大脑皮层的"拓通性"得以保存而不至于消失。他曾指出，"已经形成的暂时联系，如果长时间不加重复，那么拓通性就会消失，联系就会分裂。但是，拓通性如果达到它的最高限度，就是不再继续实践，也能保持几个月，甚至几年"。

不少学生总是抱怨自己记忆力不好，学过的知识到了该用的时候，怎么也记不起来，以至于失去了搞好学习的信心，甚至对自己的学习能力都产生了怀疑；有的同学认为，学过的知识反正是要忘记的，早记早忘不如临考前去突击记忆，可是到了临考前，由于要记的内容实在太多，怎么也记不过来，抓住了这里又丢掉了那里，记住了语文又忘掉了外语，搞得疲惫不堪，却每每效果不佳，使自己十分苦恼，苦于找不到有效的记忆方法。

其实，这些都是由于在平时的学习中忽略了系统复习与总结的缘故。新课学习以后，不仅要及时进行课后复习，每完成一个单元、一章内容，同样应该及时进行阶段性复习。对新课知识的牢固掌握，只有经过多次重复学习（复习）才有可能全面实现，否则许多已学知识，即使曾经理解或应用过，也可能逐步遗忘。

进行复习和总结时，需要重新回忆过去学过的知识，并对所有相关的知

识内容进行系统的整理。每进行一次回忆，就使这些知识在头脑中重新再现一次；每进行一次系统整理，就使知识得到一次强化。对于有些已经感到记忆不清，难以再现的知识内容，复习时你自然就会作为重点，加强记忆和理解，从而及时地"修复"和巩固这些知识。对于一些重要的概念、原理和定律，通过系统复习，会进一步加深认识和理解，这样也能促进记忆，有利于这些重要知识的巩固。许多优秀同学在知识的运用时能迅速和准确地从头脑中提取相关的内容，卓有成效地解决自己所面临的问题，就是与他们进行经常性的复习，尤其是坚持系统地复习与总结是分不开的。

复习使知识更加系统化

人们常常把系统复习与总结比喻为"串珠子"和"编辫子"，串起来成为一条线，连起来成为一张网，这是一种非常形象的比喻。有人说："智慧不是别的，而是一种组织起来的知识体系。"这里所说的"一种组织起来的知识体系"，就是系统化的知识，因此可以说，形成系统化的知识是系统复习和总结的中心任务。伟大的俄国化学家门捷列夫所独创的元素周期表，就是他对元素知识进行系统分类和总结的结晶。复习与总结，不仅是学习过程中的一个必不可少的环节，而且也是一种科学的方法，每一个同学都应该掌握它。

在平时的学习中，我们接触和解决的都是一些具体与个别的学习问题，知识在头脑中的贮存是零碎的、孤立的或堆积成的。就如人们置身于森林之中，只能看到周围一棵棵具体的树木，因而常常会不辨方向，更无法看清森林的全貌；但如果能走出森林，心境便会豁然开朗了。系统复习能使自己"走出森林"，使自己对知识的领会达到一个更高的境界，并且能从知识的整体、全局或内在联系中去把握对概念和原理的理解，因此能看清和抓住问题的本质。

著名数学家华罗庚曾经说过，读书有一个"把书读厚"到"把书读薄"的过程。他所说的"把书读薄"，就是指通过复习和总结，使知识系统化，把多而杂的知识变得少而精。有时一本甚至几本书的内容，通过总结，用几页纸就能把它们的知识要点全部概括出来；而一个专题可能只需要一张图表表示就够了。这种总结，揭示了知识的骨架部分，反映的是各知识点之间的内在联系，抓住了它，也就抓住了"纲"，抓"纲"才能带"目"，才能牵一发而动全身。到了这一步，所学的一切知识在自己的头脑中也就形成有序的结构了。

孤立、零碎和杂乱无章的知识是难以记住的，只有让新旧知识建立联系，形成有序的结构，才便于理解和记忆，并且一旦记住才能够经久不忘。许多治学者可能都有这样的体会：中学时代所学的一些基础课程，有些知识直到成年后仍记得非常清楚，每次回忆再现时，各知识点出现的先后顺序及表达方式都相同，并且这种先后顺序和表达方式几乎与中学时所记的总结笔记一样。这就是因为经过总结，使系统化了的知识在头脑中建立了牢固的印象，连知识贮存的方式都保留了原总结笔记的形式和式样。同时也正是这种式样，常常可以作为一种回忆的线索，使我们能够迅速地联想到在原知识系统中包含的那些内容和要点，进而能准确无误甚至是点滴不差地从自己的记忆中提取出有关的知识。

当已学过的知识经过系统的复习和总结在自己头脑中形成一种"网络"时，各部分内容、各知识要点、各个概念和原理之间的相互联系，将清清楚楚地展现出来，那时候你一定感觉到知识的掌握比过去清楚多了，同时也会使你产生一种胸有成竹的踏实感，产生一种舒展和愉悦的心理体验。有些学习优秀的同学，临考前只需翻翻平时整理好的高度浓缩而又经过升华的总结笔记，进行一些集中记忆就行了。他们的备考复习显得很轻松，这种轻松正是靠平时系统的复习和总结换来的。而一些平时不注意复习和总结的同学，临考前面对一大堆书和资料，不知从何处入手。只有靠加班加点，突击抢记，搞得焦头烂额，仍然心中无数，考试也是绝不会取得好成绩的。

怎样制订可行的复习计划

从预习到上课再到复习，它们是相互联系的有机整体。人们常说："复习是学习之母。"心理学家艾滨浩斯的遗忘规律告诉人们：刚获得的新知识在人头脑中的存留并非是一成不变的。人脑对于刚刚记忆的东西，其遗忘速度是最快的。随着时间的延长，遗忘速度逐渐减慢。所以对于刚学会的东西必须要强化复习。孔老夫子强调"温故而知新"，可见，复习是学习过程中一个不可或缺的环节。尤其是在考试的前几个月，都是大规模的复习时期。在此阶段，要想提高复习效率，保证复习质量，制订一个切实可行的复习计划非常重要。

复习计划的内容一般应包括学习内容（科目、章节）、学习目标（数量、掌握程序）、学习方式（复习、练习、预习）和学习时间四个方面，并把它们作为一个整体，统筹安排，达到最佳搭配。这里特别需要注意：在计划中，要把总目标分解为阶段目标、月目标、周目标、日目标。日日达标，周周达标，月月达标……

此外，复习计划还要体现以下四条原则：第一，循序渐进。要先易后难，兼顾复习、练习、预习并突出重点。第二，宜细不宜粗。缺乏具体内容的计划既不利于执行，也不利于自我检查。第三，科学安排。人的能力、体力、情绪变化都有一定节律，所以要熟悉自己的生物钟，用最佳时间干最重要的工作，各科知识学习交替进行，合理转换兴奋中心。同时要为自己制订必要的时间消费标准，如物理选择题每题所用时间为2～5分钟，计算题一般不超过15分钟，经常记录，提高时间利用率。第四，远近结合。长目标与短目标、大目标与小目标，都须通盘考虑，必要时还得为大目标牺牲小目标。

此外，制订计划时，必须在遵循上述原则的基础上注意以下几个具体问题。

首先，因人而异，适合自身特点。复习计划必须从自己的能力、个性等实际出发，做到起点准，步子稳，扎扎实实，逐步提高，也就是因人施学。有的同学把复习计划订得过高，脱离实际，缺乏实现的可能，结果即使订了计划也不能实行，以至于产生不必要的自卑感、紧张感。好的复习计划，必须考虑自己的体力、知识技能水平、智力、时间、性格、兴趣等因素。如外向型的同学习惯于以情绪、兴趣为中心组织复习，而内向型的同学习惯于按部就班，以毅力为中心组织复习。复习计划如果不能适合自己的特点和克服自己的不足，就很难实施和取得最佳效果。

其次，全面安排、充分利用时间。把一天的全部生活列入计划中，安排好学习时间。考前复习时间可以分为常规学习时间和自由学习时间。常规学习时间主要用来完成老师当天布置的学习任务，消化和巩固当天所学的知识技能。自由学习时间是指完成老师布置的复习任务后所剩下的归自己支配的学习时间，主要任务是补缺、提高。因此，复习计划的重点是如何利用好自由学习时间，重视零星时间的使用，讲究复习方法。

再次，分解任务，提高复习效率。考前复习时间究竟复习什么，怎么复习，达到什么目的，应有总体计划。要注意长计划短安排，提高时间利用率，把一个较长时间才能完成的复习任务分到每月、每周、每天，在每天复习时，心中就会明白当天任务在整个复习全局中的地位，明确当天完成的定额，从而提高复习的效率。

最后，明确重点，突出劣势学科。在制订复习计划时，要保证学得较差的学科的复习时间。强调复习要有重点，不是主张偏科。不偏科，也不是说就要平均使用复习时间和精力，而是要从整体出发，从各科复习的实际情况出发，使各学科、各部分都能得到它应得的复习时间和精力。

俗话说："凡事预则立，不预则废。"实行计划复习可以有三个好处：一是有利于系统掌握知识；二是有利于合理、高效地利用时间，养成有条理的学习习惯；三是有利于对学习过程的自我督促和检查，提高自我分析、自我管理和自我教育的能力。概括地说，它可以使自己的学习活动更具有方向性、目的性，也可以对自己形成必要的约束力，以保证复习高效、有序地进行。

"树形复习"如何进行

在许多领域，"树形"这个概念的使用非常普遍。我们知道，任何一门学科都有其独特、严密的知识体系，各个知识点之间存在一定的逻辑关系，相互并列、交叉、包容或从属，犹如一棵大树，主干、枝条、叶片，看似错综复杂、杂乱无章，其实各就各位、秩序井然。根据这一特点，同学们在复习中可以采用与此相应的策略方法，我们称之为"树形复习法"。具体做法如下：

（1）先从一门课的目录开始

如前所述，一门课就好比一棵树，目录里的每一章都好比树的每一个分枝；每一章里还有小节，这些小节就是分枝上更细的分枝，树叶都长在这些细枝上。每一棵树，树叶是最多的，要记住这么多的树叶太难了，复习时先把这些树叶统统丢掉，不去管它。这起码就把任务和难度卸掉了一半。从一门课的目录复习起，就是抓主干、抓枝干，就是把握关键、提纲挈领。

（2）搞清"粗枝"和"细枝"

有人可能会问："树叶"是知识点，都不要吗？正是这样，尽管"树叶"是知识点，但是，如果你先去管这些"树叶"，你就会用去大部分时间而且还未必管住多少。别忘了，"树叶"虽然最多，但出现在考卷上的概率却往往最低。因此，你必须首先抓枝干。当然，抓枝干也不是伸出手臂乱抓一通，你先要把树干和树枝搞清楚，就是说先抓重头。树干就是这门课，你不必记，但你要把哪根树枝长在树干的什么地方，就是说与树干的关系搞清楚，然后把粗枝和细枝分明白，看更小的树枝长在哪根粗树枝上。如此把这门课的所有细枝都长在哪些粗枝上，把它们的来龙去脉都搞清楚，这样就抓住了大头，抓住了主要的东西。事实上，你绝不会对一点树叶都没印象，你平时头脑里已经记住的其实是那些知识点，只是这些知识点在你头脑里还只是零散的"树叶"。你如果把这门课的来龙去脉搞清楚，那些零散的"树叶"就在这个过程中有相当一部分自然而然地长在那树枝上了。没有长在树枝上的知识点，不是活的知识。知道哪些知识点长在哪个枝头，知识就活了，丢不掉忘不掉了。这样去复习，难度就降低了至少一半。

（3）利用余力抓"树叶"

如果你还有时间和余力，再去对付那些"树叶"。对于印象不深的"树叶"，主要在于弄明白它们长在哪些枝头、能捡多少算多少。此时来搞定那些"树叶"，其速度和成功率比死记硬背要快得多、高得多，如此就更有把握了。

特别需要提一句，"树形复习法"对任何人在任何情况下都很适用，尤其是对于那些成绩处于中等程度的同学，在时间不很充裕的情况下非常适用，可以使复习收到多、快、好、省的效果。

复习期间的自习课该如何利用

初三、高三年级平时就安排了一定量的自习课，复习阶段的自习课的确比平时要多一些，但是很多同学没有很好地加以利用。有的同学在自习课上只是忙于做题，陷入题海不能自拔，丢掉了复习中一个重要的学习环节——对所做题目进行理性思考，不能总结解题规律和技巧，不能优化解题方法，不能系统地掌握所学内容。因此，同学们要针对自习课单独制订一份符合自己学习实际的复习计划，对每类复习内容都要从以下三方面通盘考虑。

一是审视自己提取知识点是否熟练。弄清相关内容涉及哪些知识点，涉及哪些解题规律、技巧，看能否做到在脑海中快速检索，并能熟练提取，运用自如。

二是考查自己解答典型习题是否得心应手。学会从条件变换到多解优解、概括思路、异题迁移等不同角度进行多侧面、立体的思考，建立解题模型。

三是要注意自己存在的弱点。要善于排查平时学习中在掌握知识和技巧方面的漏洞，整理出错题档案，对出现的错题要分析原因，纠正失误，并经常翻阅，以防一错再错。

复习期间妥善利用好自习课，可以大大提高复习效率。同学们应该注意合理安排每一节自习课的复习内容。须知，在紧张的复习过程中，每天可供自己利用的时间并不多，忽视对自习课的统筹安排，复习效果必然大打折扣。特别需要提醒的是，对自习课采取放任自流、不负责任的态度，这是万万不可取的。

另外，同学们还要利用好晚上的时间进行复习。一般说来，每天晚饭后至睡觉前的3个多小时，也是以自习为主的一段时间。能否利用好这段时间，往往影响到复习的成败得失。特别是在考前复习阶段，提醒大家不要试图在一个晚上把几门考试科目全都复习到，这样做只会主次不分、自找麻烦。试想，仅仅是不足4小时的宝贵时间，怎么能经得起那么多学科的轮番"轰炸"呢？因此，建议大家在考前复习时最好是一个晚上专攻一门到两门学科，抓住重点，集中精力，以争取达到较高的学习效率和较好的复习效果。

复习需要注意的几个问题

复习备考，是一定学习阶段的集中攻关。常见的情形是：有的同学完全按照老师的安排，被动地随大流；有的同学另起炉灶，一门心思地补习曾经落下的知识，与老师的主旋律越离越远；有的同学听之任之，跟着感觉走；多数同学则沉浮于茫茫题海中，搞得心力交瘁甚至焦头烂额。

在时间紧、任务重的情况下，学习方法的科学性是复习效果的关键。为此，专家指出，必须注意以下几个方面的问题。

（1）紧跟老师节拍

考试成功的关键在于考前一定要有扎扎实实的复习。观察近几年的中高考可知，考试内容的覆盖面在不断扩大，对综合能力的要求也在不断提高。在这样的情形下，老师指导学生复习的策略也在相应地做一些调整，通常会将总复习过程安排为三个阶段：第一阶段是全面系统地复习已学过的知识，点滴不漏；第二阶段是单元复习，把重点内容连成线；第三阶段是综合归纳，把线连成网，综合练习，查漏补缺，提高解题能力。因此，总体上你必须顺应老师所做的策略安排，只有紧跟老师指导复习的节拍，你才能了解自己对知识的掌握水平。总复习阶段，老师将知识化整为零，复习一个阶段考核一次，同学们可以根据自己的相对成绩了解对知识的掌握情况和自己在群体中的位置。

（2）重视课前预习

预习可以提高复习效率。每天上课之前都要对老师即将讲解的内容有明确的认识，课前预习老师上课要讲的专题，做到心中有数，明确自己学习的难点和重点，上课时有张有弛地配合老师的节奏。如果讲卷子，也一定要做过，这样对自己不会的题目印象才深刻，课上抄老师的答案是没有什么实际意义的。

（3）注意归纳提炼

归纳是飞跃的基础。要想收获自己的成果，就一定要善于归纳，仅仅做题目，是无法实现质的飞跃的。在做题目的过程中要学会归纳不同的题目类型，题目并不是做得越多越好，而是要善于归纳和总结，每个知识点一共有多少个题型，各个题型以怎样的方式设问，如果你归纳出来了，在考试中就没有了畏惧感。

到了最后一个月，已经在老师的带领下进行了两三遍的总复习，各门功课的知识已经形成系统，这时候若再将每门功课仔细复习一遍，既没有时间，也没有必要。利用这段时间把知识梳理一遍，不一定要写下来，只要做到自己心里明白就可以了。这时在复习中要特别注意拾遗补阙，对自己在前期复习中暴露出来的弱点和知识上的漏洞要进行补救。在最后阶段也不宜采取"题海战术"的复习方法。最后阶段做一些练习当然是必要的，但为了保持清醒的头脑，练习要特别讲求效率，题量不要太大，也不要把时间只耗费在钻研难题上。练习的目的一方面是要保持解题的熟练程度，另一方面是要巩固自己的自

信心，所以，泡在题海里或一个劲儿地做难题，都是不合适的。此外，最后一个月再去记忆一些陌生的知识也是不必要的，还是应该复习一些基础知识，比如英语单词、语文的文言文、历史的年代等。基础是最重要的。

（4）各科均衡发展

复习时一定要注意各科的均衡，每门课程都要复习到，如果对自己的优势科目掉以轻心，结果往往不佳。比如说自己的数学成绩特别好，以致在考前半个月就提前结束了数学复习，到考试的时候做题目就可能感觉手生，成绩就可能大幅度下降。这样的教训也不少。

（5）准确估量复习效果

不少同学都曾有过这样的教训：复习的时候，感觉老师讲的内容全懂了；考试的时候，题型也都似曾相识。然而，实际考下来的成绩，总是与原来所估计的相差甚远。问题可能在于你没有准确估量你的复习成效。因此，你在复习过程中必须经常问自己：这道题目从头到尾我做完了吗？这一内容我真的用不着再去温习了吗？我的复习扎实、有效吗？事实上，好多题不难做，而且是认识的、做过的，就以为自己会做了，于是放在一边，然而真的拿起来，你可能会发现其中有好多步骤还不够清晰，也就是说，你并没有完全掌握它，因而考试时题型稍有改变，你就难以应付了。所以，准确地估量自己的复习效果非常重要。

考前十天应怎样复习

临考前的最后10天是一个特殊时期。经过长时间的复习，这时每一个考生的实力基本已定。临近考试，想在最后阶段使自己再提高一个层次也不现实。在这个特殊时期应如何复习呢？总的策略是，继续熟悉知识，巩固已有水平，力争临场正常发挥。为此，要在以下几方面做好。

（1）再次从整体上把握考试内容

这个时期要再梳理一遍各种知识系统，进行提纲挈领式的复习。

此时要按照知识系统回归课本。熟记课本中的基本概念、原理、公式、例题，再次熟悉基本方法、基本题型。以提纲挈领复习为主，主要侧重于宏观方面、整体方面。以掌握知识要点为主，练题为辅。

有些同学这个时期仍然大量做题，而忽视对知识体系的再复习，结果搞得很忙乱。这样匆忙上了考场，有时连最基本的公式或其他平时熟知的内容都忘了。这是临考前复习重心失误造成的。所以，临考前的注意力不能全部放在某一个局部上。

（2）集中精力抓短期记忆见效快的内容

这个时期，适当淡化复习那些效率周期较长的科目和内容（如语文的作文、数学解题能力的提高等），而要集中力量抓即时性较强的科目和内容。文科要侧重于复习语文、政治、历史等科目中需要记忆的东西（如时事政治、文学常识、古文背诵、历史事件），理科要侧重于记忆各种公式、定理等，以免到了考场一时想不起来。因为这些内容短期记忆见效快，况且间隔的时间较长，临考前再重新记忆一遍防止遗忘也是很必要的。所谓淡化复习效率周期长的科目，不是不复习，而是说不像前一阶段那样大量做题，要侧重于记忆，侧重于熟悉典型例题。

许多同学的考试经验表明，临考前几天重新记忆一遍该记的内容，效果很好。

（3）继续保强，抓好弱势中有潜力的科目

最后阶段里，在普遍复习的基础上，要继续保强抓弱。强势科目不能一点不看。俗话说：三天不练手生，三天不唱口生。在以往的考试中有些同学就吃过这个亏。比如以为数学是自己的强项，结果最后阶段连看也不看，全用来背政治。可考试中恰恰是在自以为最强的数学上出了问题，到了考场连常用公式一时也想不起来了。所以最后阶段还是要保强的，还要把最基本的内容"过"一遍。

最后阶段里，对弱势科目也不能一味投入过多的时间，因而挤占了复习其他科目的时间。对弱科要加以分析，不要盲目乱抓。只对那些弱势中有潜

力的科目，适当多投入点时间。什么是有潜力的弱科呢？就是在那些成绩相当的科目中，那些过去投入时间相对较少的科目，一般来说就属于还有潜力的科目。对于这样的科目，也不是眉毛胡子一把抓，而是把精力放在记忆性较强的内容上，这样耗时少，见效快。

总之，强势科目不能一点不摸，弱势科目不能放弃不管。

（4）最后阶段还要适当做题

总的来说，最后阶段还是要适当做题。因为完全不做题，到考试时就会眼生、手生、头脑反应慢。

但是，最后阶段做题，与中长期复习时做题不一样。最后阶段做题只做那些基本的、典型的，而且量不要大，以保持熟悉为目的。对有些题，还要适当写写，注意表达的语言和格式。对有些题，只用眼看心想，做到不忘、不生疏就行。

最后阶段不要做难题、怪题，一般也不要做新颖题。有些同学在考前最后几天里，总想押题，看这个像是要考的，看那个也像是要考的。还有的同学听信传言，从什么地方搞来一些题匆忙抢做。这些做法，很容易引起心理慌张，挤掉从宏观上、整体上重新熟悉各科知识体系的时间，扰乱了正常的复习计划，不会有好效果。

总之，考前最后阶段，在复习知识体系的同时，每天适量做些典型的基础题目，保持对应考内容不生疏。坚持每日练练，是有好处的。

考试前一天为什么要停止复习

在升学考试前两天，有位班主任老师突然宣布：明天不再组织复习，大家可以自行安排、自由活动，学校的文化娱乐场所全部向同学们开放。并再三强调：这两天要尽量少复习，甚至不复习，要争取每天睡足8小时。这样做行吗？

　　生活中有许多这样的例子：一些同学平时学习很勤奋，临近考试前，更是埋头于书山，沉浸于题海，有的甚至在进考场前一分钟才肯放下书本。可惜的是，考前记得很牢的内容，在考场上却答不出来，待走出考场，信马由缰一会儿，原来百思不得其解的题目，这时却一下子"云开日出"。不少人可能都曾有过类似的经历和体验。

　　这里面包含着一个科学用脑的问题。考试前一天的安排对于科学用脑来说至关重要。如果为了迎接考试而争分夺秒地去学习，对考试前一天也不懂得如何去安排，拼命"开夜车"，当天晚上很迟才入睡，生怕遗漏点滴内容等，都是不科学的用脑方法，其结果也不会理想。科学的做法是：丢开所有的复习资料，让大脑得到最宝贵的休整时间，养精蓄锐，做好第二天上考场的一切准备。其道理很简单："强弩之末势不能穿鲁缟。"一直拉紧弓弦的箭是射不远的，只有在射箭的一瞬间，拉紧弓弦，才能迸发出强大的威力。考试是高度紧张的思维活动，保持良好的精神状态上考场，是考试时正常发挥的必要前提。临考前一天就停止复习，有意识地忘却即将来到的"大战"情景，避免超负荷的"题海战术"、"疲劳战术"，轻松愉快地休息一天，调整一下因复习而一直紧张的神经，让身心松弛宁静。如果有兴趣，可以适当做些轻松愉快的事，如散散步、与家人聊天、听音乐等。一般情况下，入夜宜早早安睡，使因复习而疲劳的大脑恢复到最佳状态，第二天精神饱满、思维敏捷，这样反而可能取得意想不到的成功。

　　事实证明，开头提到的那位班主任老师的决策是正确的。照他所说的那样去做，有利于考生在考场上避免暂时性遗忘，因为经过长期紧张的复习，神经细胞的能量消耗极大，大脑的生理负荷达到"饱和"状态。这时，如果一点也不休息就走进考场，连续从事几小时高度紧张的脑力劳动，大脑就有可能支撑不住，引起保护性抑制，使你注意力分散，记忆力减退，把复习过的内容遗忘掉。这种暂时性遗忘，只要经过适当休息，让神经细胞的能量得到补充，脑机能得到恢复，就可以消除。那位班主任老师在考试前一天让学生停止复习，自由活动，睡好、休息好，就是为了使大家能够以最佳的生理和心理状态，在考场上发挥出最高水平。还有，考试前一天停止复习，考生可利用这段时间进

一步熟悉当年考试政策上的一些新规定。比如，高中英语听力考试不能迟到，务必带好有耳机的收音机，调试好有关频率；所有通信工具都不能带入考场；答题开始60分钟后方可离开考场等。只有做好了充分的准备，才能在考试时镇定自若、胸有成竹。

现代科学知识告诉我们，睡眠对于人的心智活动至关重要。因为人体内某些生长激素，只有在睡眠时才会分泌出来，睡得少就分泌得少，就会影响体内蛋白质、脂肪、糖类的新陈代谢及核酸等的合成，这样又会影响到脑机能的恢复和智力活动的正常开展。由此可见，老师要求学生在临考前争取睡足一定时间，这就好比为增强拳击力度，先将拳头缩回，然后再猛然挥拳进击一样，是完全符合青少年身心发展规律的。

不过，也有人提出升学考试前一天也不应该放弃做题目，尤其是做基本题目。如果长时间不动的话，速度会有很明显的下降。这就要视各人的具体情况而定。教育专家认为，如果将此处的"前一天"改为"前几天"，似乎更为准确些，因为"一天"还不能算是长时间，仅一天不动，速度还不至于会有很明显的下降。如果实在觉得不看书心里不踏实的话，也可以随意翻翻课本，看看平时不太注意的、非重点的部分。此时千万不要指望搞全面系统的复习，也不要再去钻研难题，否则容易产生焦虑，引起怯场。

第八章　考试：
如何做到超常发挥

考前给自己定个目标

根据自己的实力和在班级、年级大概的位置，确定自己是升入一般高中、重点高中还是特长专业学校。如果是高考，要确定自己的目标是大专、大本、普通校、重点校还是名牌校的热门专业……

这些目标的确立，有利于激发起自己的信心，进入奋发向上的良好心理状态。完全没有目标的复习，情绪不会高涨，也不可能取得良好的效果。所以，迎考复习中要善于利用目标激励自己。有了一个恰如其分的目标，同学们的精神就会处在一种亢奋的状态中。这正是我们所需要的迎考复习心理。

为了利用目标激发起良性的迎考心理，以下三个问题需要注意：

（1）目标要比自己现有水平适当高一些

目标过低，不经努力就能实现，不会使自己产生激情；目标过高，怎么努力也实现不了，会使自己感到遥不可及，也不会激发出干劲来。只有当目标既高于现实水平又有实现的可能，这时的激励作用才大。只有那些跳一跳能摘得到的"桃子"，人们摘它的欲望才强烈。

我们为自己制定单科复习目标、整体复习目标以及升学目标，就要去"摘"这种跳一跳可以摘下的"桃子"。

（2）目标不可过高

有些同学为了激励自己更加努力奋斗，喜欢把目标定得很高，大大超过自己的实际能力。比如今天本来可以复习两个问题，但计划里却要复习五个问题。结果虽然勉强复习了两个半问题，却把自己搞得十分紧张，心里总有一种没有完成任务的失败感。天天像这样完不成预定的任务，时间久了，失败感加重，自卑感也滋生起来，心态、情绪变坏。显然，这是目标过高引起的不良心理反应，很不利于迎考复习。

反过来，如果你的实际能力能完成两个问题，你的计划也是要完成两个，结果你却完成了三个，超额完成了任务，这时你会意外地发现自己的潜力，心中自然生出一种自信。每天都能完成甚至超额完成预定任务，那会产生一种多么积极的心理效果。

由此可见，目标设立得不同，有时会产生截然不同的心理效果。为了保持复习中良好的心理状态，我们的目标不可定得过高。

那些大大超过自己实际能力的目标，看似宏伟，看似鼓舞人心。但实际上反而产生消极的心理影响。还是跳一跳可以摘到的"桃子"激励作用大。至于如何才能确定这样的"桃子"，那要在实践中不断摸索。这就涉及下面所要讲的目标调整问题。

（3）随时调整，保持目标的激励作用

为了经常保持目标的激励作用，就要随时调整目标。最常见的就是复习计划的调整。如果原定两天复习完的内容一天就完成了，那么你就要给自己重新增加任务。如果原定两天完成，结果两天才完成三分之二，那么你就要延长时间或者减少任务。这样才能既不浪费时间又能保质保量完成任务。

一个阶段复习下来，经过考查（如考试），发现效果还不错。这时你就要提升原定的目标，要求得更高一些。如果经过考查发现问题很多，你就要反思你用过的方法是否得当，知识的重点是否抓住了，自己的弱点是否克服了，这些也是一种调整。

像上面的这些目标调整，在整个复习中是经常遇到的。同学们要善于利用目标的调整，激励自己向上奋争的心态。

总之，为自己定位恰当，适度地设立目标，可以激发出良好的心理状态，使自己充满成功感，产生强烈的奋斗欲。这也是迎考复习中常见的心理调节。

考前如何做好准备

考试是学校生活中最频繁的事情。一个人从小学到中学，要经历的考试成百上千，可以说到了中学，每个学生都已是考试老手了，但对大多数学生来说，考试还是令人畏惧的。究其原因，是因为同学们在临考前并没有做好各方面的准备。面临考试，我们应该做些什么准备呢？

（1）知识准备

考前必须进行系统的复习，知识掌握得要足够扎实，从而才能够胸有成竹地参加考试。有些同学平时学习不认真，到考试迫近才发现自己还有很多问题没有解决，很多知识没有巩固，心里非常着急，对自己能不能顺利通过考试缺乏信心，产生胆怯心理。

（2）心理准备

面对考试，大多数考生会充满恐惧，压抑了大脑兴奋，心里乱糟糟的，不知道学什么好，也不知道怎么学。拥有良好的心理状态是每个考生的迫切需要。根据长期的心理辅导实践和研究，有利于临场考试的心理状态可表达为：自信、轻松、愉悦或适度的激动、注意力集中、精力充沛等。每次考试成绩揭晓，总是不乏这样的例子：某些考生平时基础知识牢固，由于在考试时超常发挥，名列前茅，让大家大为惊讶。惊讶之余，你会发现，偶然中有其必然性。其实他们已经具备考出优异成绩的实力，而超常发挥的关键在于他们的心理压力不大，能够轻装上阵，容易达到自信、轻松、愉悦的心理状态。思维的灵活性、敏捷性得以充分发挥，取得好成绩是必然的。相反，一些平时成绩优异的学生水平本来很高，但由于心理压力太大，只要一考试情绪就紧张，往往发挥不出应有的水平。

所以说，做好临考心理准备是非常重要的。首先，对考试采取一种积极的态度。一些优秀学生在总结中写道："考试的意义在于复习。"实际情况就

是这样，考试其实就是用来检查自己的学习成果的。考得好，就会促使自己进一步努力学习；考得不好，也会促使自己认真分析原因，争取下次考好。其次，端正对考试的态度，思想负担不要太重。心理学家指出，人的认识对情绪和行为有很大的影响。有些学生由于错误地理解考试及分数，片面夸大考试与个人前途的紧密关系，因此总是担心考试失败会如何如何，结果引起脑神经的过度紧张，在考场上不能自如发挥。因此，考生应该端正对考试的态度，要知道，考试本身就带有很大的机遇性，不能仅以考试成绩来评价考生的水平。因此，应该大胆地、全力以赴地去发挥自己的聪明才智，考试结果怎样，可以不去管它。事实也表明，考试成绩并不因为你很重视就特别好。恰恰相反，过分重视，有时成绩反而不理想。如果人为地夸大一次考试成败的意义，并同个人的前程和幸福联系在一起，就势必会引起人的焦虑、紧张不安。

（3）精神准备

考试期间，脑力劳动的负担是很重的，所以考生一定要休息好，保证足够的睡眠，保持很好的精神状态。有很多学生在考试的前一天晚上，还在拼命"开夜车"，结果导致考前休息不够，大脑疲倦。开了夜车的学生在考试后回忆说："过去明明会的公式、定义，怎么也想不起来了，看着题目发呆，脑子发木，头脑不清醒，再也兴奋不起来，考试前开夜车真是吃了大亏。"

（4）物质准备

在考试期间，学生由于紧张，经常出现丢三落四的情况。例如，有的学生进了考场，才想起忘记带笔、橡皮，结果更加剧了紧张心理，会直接影响到考试的结果。为了避免这种现象发生，在考试的前一天晚上，就要预先把必需的考试物品准备好，以免第二天赴考前因紧张出差错。

考前准备是取得优异成绩的重要环节，如果做好了充分的考前准备，就再也不会惧怕考试。所以，每个学生在考试前，都要细心检查一下自己，看自己是否做好了各方面的准备，如果你还没有准备好，那么，从现在开始，赶快行动吧！

考试紧张心慌怎么办

考试不仅是对学习成绩的检验，有时也是上级学校选拔人才的一种方式。因此，每当面临考试的时候，都有很多同学感到紧张和疲劳。有的同学平时学习成绩还不错，可是一进入考场就紧张、害怕，特别是遇到难题，更觉得心慌，这样会严重地影响考试成绩。克服紧张心理可采取以下一些做法。

（1）心理战术

在考场上要达到较好的临场发挥，就要学会自我心理调控。调控的办法如下：

首先，有一个轻松愉快的心情。愉快的心情可唤起轻松的感觉。你可以这样想，中学这段艰苦、疲倦的生活如果顺利结束，就会开始新生活了。从这点上来说，应该感觉到是一种轻松。下一步如果考上高中、大学，可以实现美好的理想了，因此也应该有一种轻松、愉快的感觉。这种轻松、愉快的心情可使中枢神经系统处于兴奋状态，这时大脑各部位的神经细胞也十分活跃，极易产生各种灵感和联想。即使遇到难题，想一想在哪儿见过，属于哪种类型，很快就会想出办法来。所以，轻松、愉快的心情，往往会使你尽快地达到高效率思考与分析的良好状态。

其次，坚定信念，有奋勇争先的心理。在日常生活中必须有一个坚定的信念，有一个明确的奋斗目标。参加考试也是如此，进入考场以后，要有一种坚定的必胜信心，遇到容易的试题不要过分激动。情绪激动会引起马虎大意。遇到难题、怪题，也不要恐慌，不要因为一两道难题就吓得不知所措，影响答卷的信心。所以，在整个考试的过程中，都要保持坚定、平稳、自信的心态。

最后，消除私心杂念，轻装上阵。常听到有的同学说考试怯场，一进考场就紧张、害怕，心里没有底。世界上的一切事物都应该本着一分为二的观点辩证地对待，考试也是如此。上级挑选人才的考试，对我们来说是自我推销人

才。参加考试恰恰是展示自己的才华、参与市场竞争的大好时机。这样的机会难得，必须充分利用，不能前怕狼后怕虎，要满怀信心地参加考试。如果你能在这样的思想指导下参加考试，紧张、害怕的心情也就自然消除了。

进入考场后要平心静气，一些杂念都要抛掉。与考试无关的一切事情都不想了，只坐在那里静静地等待。更别想考试的前因后果，什么主考、监考，对那些生疏的面孔，你都视而不见，就像平时在课堂上写作业一样，专心致志地思考答题，想好答案的题目，要争分夺秒，快速书写。

（2）答题技巧与时间支配

接到试卷以后，在规定的阅卷时间内抓紧浏览全卷。然后分清主次、难易，不要细看每一道题的分值是多少。在允许动笔答题的时候，务必先填写姓名、考号，然后按照顺序先做容易的题，后做难题。心情要自我放松，遇到简单的题不要盲目乐观，防止粗心大意；遇到再难的题也不要发慌，冷静地思考，从中找出关系，多方位探索，寻求解题的思路。在答题过程中不管遇到什么情况，只要心情稳定、不慌乱，就能达到思维敏捷，举一反三的效果。在考场答题过程中，在草稿纸上不要乱写乱画，尽量做到每一步的演算都清晰了然，以便在检查中有据可查。在时间的支配上，要留有余地，有检验和复查整个卷面的时间，最后剩下时间，再去解决未完成的难题、怪题。

（3）考前和考试期间的注意事项

临考前一两天或考试期间，不能再搞突击和加夜班了，要保证充足的睡眠时间，休息好。

考前和考试期间不要吃大鱼、大肉等油腻食物，不要吃过咸的食物，饮食不能过饱。否则会因为消化系统负担加重，中枢神经受到抑制而引起体乏无力、困倦。过咸的食物吃多了会口渴，水喝多了，答卷时间去厕所不但浪费时间，而且还会影响思维的敏捷性。另外，中午最好能睡上一觉。

答卷时书写速度要快，注意卷面字迹工整、清晰。

注意交通安全，要在考试之前进入考区，做好考试前的心理准备。千万不能踩着点到，以防在路上有什么事而耽误考试。

如何确保考试时处于最佳状态

考试时，最冤枉的事莫过于记住的知识想不起来，会做的题目束手无策，简单的运算出现错误，这种现象在考生中并不鲜见。出现这种现象的主要原因，在于考生没有使自己处于最佳应试状态，情绪过于紧张，无法充分集中注意力，不能调控自己的内部心理状态和外部操作活动，从而影响了自己真实水平的发挥。那么，如何将紧张程度调控到中等水平，维持最佳应试状态呢？

（1）保证充足的睡眠

有些考生为抓紧时间多学知识，而剥夺了部分睡眠时间，这是一种极其愚蠢的做法。睡眠可以消除疲劳，防止大脑因活动过度而产生抑制，而且可以为新陈代谢补充营养，使人集中注意力，提高记忆效率，思维反应敏捷，想象力丰富。所以复习越是紧张，越要保证充足的睡眠。在复习考试阶段，考生每天必须睡足8小时。曾有这样一位考生，聪明活泼，学习刻苦，平时学习成绩较好，家长、老师对他的期望很高，希望他在考试时取得更加优异的成绩，于是在临考前不切实际地给他加压，使他每天晚上12：30左右才能上床睡觉，早晨6：30又得起床读书。一个阶段过后，该生的成绩不但没有进步，反而因在规定的时间内完不成试卷上的全部内容而落后于本来不如他的其他同学，家长很是着急。那么，为什么原来能在规定的时间内完成试卷上的全部内容，而现在不能了呢？更深层的原因是其反应、思维速度变慢了，对外界刺激的敏感性下降了。侵占了睡眠时间，在疲劳状态下学习，大脑皮层某些部位由于长时间工作产生超限抑制而难以正常工作。也就是说，在他学习时，大脑并非百分之百地投入学习过程中去，可能某些部位已经"睡着了"，不能工作了。这样势必影响学习速度，本来已经掌握的内容难以在短时间内反应出来，或者根本就束手无策。经常在这样的状态下学习，形成不良的习惯，那么到考试时也处于这种状态，这必然会妨碍答题速度。因此，在这种不遵循生理规律的"意志"

和压力驱动下进行的疲劳战，不可能带来好的学习效果，与此相反，因为消耗了大量宝贵的心理能量而只能得不偿失。

（2）摄入充足的营养

营养是一个人生长发育和从事各种活动的主要能源。营养不良，会影响人体发育和大脑机能，严重的会出现头昏眼花、注意力涣散、思维反应迟缓等症状，降低工作效率。复习考试是一项极其复杂的脑力活动，更需要摄入充足合理的营养，以保证大脑供给。"废寝忘食"强调了意志在学习中的作用，但却违背了学习的生理规律，所以在复习考试时不宜提倡。

（3）进行必要的体育锻炼

经过一段时间的学习后，必须进行休息，或者是静止性休息如睡眠，或者是活动性休息如体育锻炼。休息既可以防止疲劳，又可以清除疲劳，而对于主要从事脑力活动的考生来说，体育锻炼更有利于防止和消除疲劳。通过体育锻炼，人体不断分解、消耗原有能量，合成、再生新的能量，增强人体各大系统的功能，提高反应的灵活性，增进学习效率和考试效果。

（4）不断变换学习内容和学习方法

任何单一的活动持续时间过长，都会引起人的厌倦疲劳，注意力分散，从而降低学习、工作效率。所以，要不断变换学习内容和学习方式，避免单科独进，方法单一，使各科内容交替进行，耳、眼、口、手、脑并用，听、说、读、写、算并进，学习方式多样化。用新的方式学习新的内容时，对原有的学习来说实质上就是一种休息，这样高效地利用时间，可以更快更好地获取知识。

（5）考试前一天以休息为主

在放松状态下随便翻翻笔记和书本，此时不宜再记新的内容和钻研未搞懂的题目。一般说来，这时新学的内容，考到的可能不大，而且还可能与脑中的内容相互干扰，使脑子变得沉重、过于紧张。

（6）考试前做好必要的物质准备

如准备好考试时使用的笔墨，为熟悉考试环境，可提前到达考场，免得因准备不足或迟到而惊慌失措，干扰答卷。

（7）适当降低求胜动机

虽然考试成绩要考完以后一段时间才能知道，但从某种意义上说，其成绩在考前就已经决定了，不管想得到多高的分数，考生此时的水平就是他的真实水平。因此，考生无须忧心忡忡，顾虑考试的成败得失；也不可异想天开，不切实际地提高自己的志向水平。你所要做的一切就是顺其自然，轻装上阵，发挥出你现有的实际水平。

（8）"信心"与"细心"同在

应该相信自己经过长时间的复习已准备充分，经过多次模拟考试已积累了许多经验，心理也得到了较好的训练，考试并不可怕，关键在于信心，这是应试总的策略。但在具体解每一道题时，应认真细心，重视每一细节，尽力不丢一分。"信心"和"细心"是考试取得成功的重要条件。

有人说，高考是"七分实力，三分状态"，有一定道理，相同水平的学生，由于状态的好坏考出的成绩有时会有天壤之别。一般来说，考生在考场上的情绪有三种：一种是过分紧张，一种是满不在乎，还有一种是保持适度的紧张。前两者都不足取，不但不能考出好成绩，相反会由于情绪问题，连正常水平都发挥不出来。只有第三种考场情绪才是正常的，这样的考生信心十足，平心静气，精力集中，思维敏锐，答题准确。

拿到试卷后不要急着做

考试时，监考人员一般都会根据考试的规定，提前发考卷。拿到考卷大约5分钟后才能开始答题。此时的你就应该让大脑的思维开始活跃起来，充分利用这5分钟来填写你的考生信息、浏览试卷，把握试卷的全貌，做到心中有数。可千万不要着急做题，以下几件事情你一定要做。因为这样能更好地发挥出你的水平。

第一步，马上填写自己的姓名和准考证号，以免忘记引起不必要的麻

烦。有的同学看到这里肯定想说："谁不知道写名字和准考证号啊？这一点根本不用讲。"但是实际情况是，每年的小考、大考都有同学忘记写名字和准考证号，到最后才慌慌忙忙地写上。如果我们一开始就写好，不就省了许多的麻烦嘛。所以拿到试卷就先写上你的名字和准考证号吧。

第二步，认真阅读试卷说明，弄清考试的基本要求。比如主观题答案要写到答题纸上，选择题答案填涂在机读卡上，等等。有的同学没有仔细阅读试卷说明把主观题答案直接写在了试卷上，到后面快没时间的时候才发现要写到答题纸上，不得不重新写一次。小考还好，都是自己学校的老师，可以直接交上试卷进行评阅。但是如果是像中考、高考那样的大考呢？直接交试卷是不可能的，痛失主观题的分岂不是很可惜？所以养成好习惯，让你事半功倍。

第三步，看清试卷的页码顺序和页码总数，看有无发错试卷，试卷有无漏印和错印。一般监考人员都会在黑板上写下当堂考试的科目、时间、试卷的总页数等信息。仔细核对信息，如果发现有错的，立即报告监考人员。考场里确实发生过作文试卷漏印的情况，而且类似问题每年都有。有一次，一位同学的作文答题纸只有前面一页有作文框，后面就没有了。等他报告老师更改答题纸，再把前面写的作文抄过来的时候时间已经来不及了。这样他只能眼睁睁看着作文分失去。

第四步，大致了解试题的题型、题号、分值和答题要求。这样做可以让你心中有数，大概在什么时间做什么题，做这些题大概需要多少时间。这样不仅可以让你更好地安排怎么答题，也能为你节约不少的时间。

第五步，大致了解试题考查的内容及试题的难易程度，为后面先易后难地答题做个准备。

考场必备的应试技巧

以下介绍几个考场必备的应试技巧。

（1）弄清考试要求

进入考场后在正式答题前，一般监考老师要宣读考生须知、考场纪律、试卷说明等内容。这些内容同学们要注意听，尤其每场考试前关于试卷的说明更要注意听明白，不要因违反规定而丢分。每年中、高考时都有同学因为违反规定或没听懂要求而丢分的。据《中国青年报》报道，某省考生张某在英语考试中因为用铅笔答卷（那时还不是涂卡）违反规定被扣除一半分数，痛失进入重点院校的机会。当年，该省至少有1900名考生因各种原因违反考试规定而痛失上大学的机会。

所以在开考作答前监考老师的说明，不要认为是老生常谈而不予注意。

（2）审题稳，书写快

审题准确是正确作答的首要环节。有些同学并不是知识不会，而是把题意理解错了，从而解答错误，结果劳而无功，考后遗憾不止。考试不比平时做作业，没有任何人直接或间接提示或影响，全凭自己默读题目理解题意。平时练习时，别人读一遍也可能把题目的关键字眼读出来，也可能有人插一句话提醒了你。考场上这些明示和暗示都不存在，因此你阅读理解题目，就成了你解题的关键一环。加上考场心理紧张等原因，有些同学看了几遍还没弄懂意思或把题中的某点意义理解错了，从而一错到底。

初次接触题目要沉着冷静，切忌慌张。与其慌慌张张看几遍，莫不如静下心来稳稳当当看一两遍，努力做到弄不懂题不下笔。

一般来讲，题目至少要审两遍。第一遍粗读快看，先大致了解题目的意思，目的是了解题目考查哪方面知识，大体解题方向是什么。第二遍细读慢嚼、字斟句酌，准确弄懂题目的条件、问题以及具体要求。在这两遍审题目时，尤其是在第二遍审读题目时，要边读边形成解题思路。有时两遍不行还要再读第三遍、第四遍。

在审题时要特别注意体会其中的关键句、中心句、转换句等，要特别注意那些限制词。必要的时候要分析一下关键句子的语法成分，熟读中要把句子的重音读出来，以便弄懂条件和问题。即使咬文嚼字也是需要的。因为有时候题目的关键、题目的"陷阱"就隐藏在这些字眼里，所以审题就要审出"题眼"来。

有些同学平时缺乏严格的审题训练，没有良好习惯，加之考场上过度紧张，多次审题都是粗读快读，每次都没注意那些关键字句，结果或者把意思根本弄反了，或者没有注意到关键字眼隐藏的"陷阱"，因而答错了题。

在审题时还要注意以下几点：

第一，注意题目中括号内的文字、小字或黑体字等，因为这些是特殊说明、补充说明或要引起注意的内容。有些解题的关键就隐藏在这里。

第二，有的一道大题下分设几道小题。注意大题给的条件是不是小题的"大前提"。如果是"大前提"，解决小题时就要注意把大题的"共同条件"与小题的"特殊条件"结合起来考虑，否则容易误解误答。

第三，对于文字较长的题目要读好，充分理解之后再作答。比如，文科中的材料问题或者理科中解决实际问题，一般题目都比较长。审读这样的题目时，要注意从整体上把握题目的条件和要求，分清主次，有些话是至关重要的，有些话则意义不大。要学会去粗取精，去伪存真，从中找出对答题有用的信息。

有些文字长的题目不一定难，不要一看题目很长，就被吓住了。有时当你仔细读过之后，就会明白有些文字与解题无关，题目的要求并不复杂。

总之，审题要做到"稳"和"准"，尽量捕捉一切有效信息为确定解题思路服务。

一旦弄懂题意、有了解题方向以后，行文书写就要快。不要弄懂题意后还慢慢腾腾地写，这样浪费时间很不值得。考试时间是限定的，一般来讲，不要在审题上盲目抢时间，而要在书写上尽量节省时间。当然，我们提倡的书写速度快，不是要大家在书写中丢三落四、潦草马虎。为了达到考试时书写速度快，平时就要训练自己又好又快的书写能力。

（3）答题一般原则是：先易后难

"先易"有利于尽快进入应试状态，有利于缓解紧张情绪，有利于增强信心。因为先做出几个容易题之后，成功的喜悦可以使你的紧张心理松弛下来，可以使大脑亢奋起来，从而进入正常甚至超常的竞技状态。这是从竞技心理方面讲。

　　从得分策略上看，先易后难也是有利的。容易题做对了，就为整个考试的成功奠定了基础，也为后边解题解除了后顾之忧，赢得了更多的时间。因为当容易题都做完了，同学们就会感到会做的已经都做完了、都做对了，有这个基础垫底，往下再攻克一个难题就多赢得几分成绩。反过来，如果不管难易一起做，很可能在难题上耽误了时间，到后来还有本来可以做出来的容易题来不及做了，应该得到的分数也没拿到。这显然是一种失策。

　　什么是容易题？什么是难题？常言道：难者不会，会者不难。对于同学们来讲，会做的就是容易题，不会做的就是难题。所以，应按题目的自然顺序开始答题。一般地说，试题编排顺序是先易后难，前面的题对多数同学讲，是基本的、比较容易做出来的。当然也有个别的难题夹在中间。

　　在按自然顺序作答中，会做的要力争做对、做快；自己审题之后有思路的，要努力攻克；对反复审看几遍一点思路也没有的，可暂时搁置起来，待按顺序作答一遍之后，回头再想。为了防止遗忘漏掉，可以边做边把遗留问题的题号记在草稿纸上。这样按顺序进行一遍之后，大部分题都可以解决了。第二遍仍按自然顺序专门解决第一遍没有解决的题，这样又可以攻下一些遗留问题。这时剩下自己不会的难题就不多了。此时视考试剩余时间多少，如果剩余的时间不多，可以先用来检查已经做过的题目。经过检查确信准确无误后，可以在剩余的时间里，专攻没有解决的难题。因为此时试卷中大部分题答完、答对，也可以专心致志地进攻难题了。

　　按自然顺序作答，每一遍都可以把会做的解答完，经过几次筛选之后，解决不了的问题所剩无几。即使最后还有没有解决的，也无碍大局了。

　　（4）力争首次做对

　　对自己会做的题目，在确信解题思路正确之后，第一遍作答时就应力求准确无误。虽然第一遍"认真仔细"需要多花掉一些时间，但是从整体上看还是节省时间的。这比第一遍马虎从事，第二遍检查出错误再重做还是要省时间的。

　　从考试心理讲，检查出错误难免紧张。而在紧张的情况下改错，还可能

出现新的意想不到的失误。所以，无论从节省时间上还是从避免无谓的考场紧张这两方面看，力争第一遍做对，是很有好处的。

有些同学拿来卷子急于作答，喜欢毛毛躁躁一个接一个做。他们想：反正一会儿还要再检查呢！因此第一遍作答时放松要求，结果有一些本来能答好的题目也出了不少错误。

要知道，考场上的时间是宝贵的，有时因为题量过大或者其他原因，一遍做过之后可能就没有时间再检查了。退一步讲，就是有检查的时间，第一遍草率作答，第二遍又来改错，既浪费时间又容易引起恐慌，这也是得不偿失的。同学们要清醒地认识到，考试中的复查是一种辅助手段，主要还是要靠首次做对。当初作答时就不要有寄希望于复查的想法。

（5）作答简练，书写整洁

对于笔答的试卷，作答层次清楚，表达简练，反映了答题思路清晰。不要认为反正自己思路正确，就忽略了表达的准确性和书写的整洁性。要把会答的题目表达清楚、准确，使人看得懂、看出思路。必要的步骤和关键性语言，必须完整准确。因为评卷时是按步骤给分，没有关键步骤、关键语言，是不能给分的。

作答清楚不是越详细越好，也不是越多越好。理科解题步骤应当清晰，对那些试题要考查的步骤、本题关键的步骤必须清楚地写出来，而一般常识性的内容则可以简略。文科答案应当简明扼要，层次清楚，详略得当，无关紧要的、可有可无的话不写。更不要偏离题目空发议论，要知道画蛇添足也是致命的。

整个卷面要保持干净整齐、作答规范、书写工整。切不可字迹潦草、乱涂乱抹，也不要字迹模棱两可、似甲似乙，让人分辨不出来。其实，书写混乱首先会增加自己答题出错的机会。比如，上一行写了一个不规范的数字"7"，一下行可能就抄成了个"1"。由于书写不规范给自己造成错误，常使一些同学出了考场后悔不已。书写混乱还会让阅卷老师分辨不清，令阅卷老师望而生厌，在阅卷时间紧迫的情况下，没有更多的时间去分辨，看不清楚就可能以错误的答案对待。这对你来讲，实在是不应有的损失。

为了保证试卷书写规范整齐又有一定的速度，平时要加强训练，从严要求，养成良好的习惯，提高这方面的能力。

除此之外，考场作答时，必须有强烈的规范书写意识。从写第一笔开始就要有计划，就要严格对待。行间留下适当的距离，以便如果添加内容时有地方可写。改动标记要清楚，改写的字不要在原处用笔加重描深，而要圈掉后在旁边重写。这样做的目的是避免阅卷人误解。如果发现答错需要彻底改动，要就近选择一块地方，整洁作答。一定要标记清楚，使阅卷人知道这是哪一道题的答案。

对于涂卡的试卷，一定要用指定的铅笔按指定的办法涂清楚涂准确。如有修改，一定要彻底擦净后再改，防止误判。为防止遗漏或涂错，一定要边答题边涂卡，即答完一题涂一题，这样就不会涂错、涂串了。

有些同学的习惯不好，边审题边在试卷上把重点句子画出来。这样做虽然对审题有帮助，但同时也给人造成在试卷上做标记的嫌疑。还有的同学喜欢用红笔或其他颜色的笔在试卷上勾画或改错。这些不良习惯都是违反考试纪律的，是要受到惩罚的（扣分或试卷作废）。为了防止考场上出现这些不应有的问题，平时一定要养成良好的习惯，考场上一定要严格要求自己。

（6）重视复查

虽然我们说首次做对是主要手段而复查是辅助的，但是考试中还是要重视复查。这是为了确保做过的题正确无误，确保会做的题志在必得。

复查中往往可以发现原来没有想到的问题。因为从首次接触题目到复查，由于时间上的间隔和空间上的间隔（中间又接触了其他题），可以使同学们从一个新的角度审视答案正确与否。一些错误正是在这个时候被发现的。此外，考试开始时也许很紧张，而复查时情绪已经稳定了，这时可以冷静地再审查答案正误。所以，复查对你是很有利的。

复查要从审题开始。不能只审答案而不看原题或不重视看原题。因为有些错误就是对题目的理解有误，有些错误就是把原题中的数据、字词、论点等抄错了。所以复查时重新审题是极其必要的。

除重新审题之外，复查中还要审查解题的思路、步骤、格式、计算、符

号、图形等是否有误；还要审查语句是否通顺，字词是否准确……但是复查的重点应该是解题的思路是否正确，尤其注意自己的习惯错误是否重犯。

复查也包括检查是否有漏题、漏页、漏问。由于试卷是分几遍答完的，有的人第一次可能把不会的暂放一边，后来因为匆忙忘了回头再答；也有的人只注意前几页题，而没有注意后一页题，或者只注意正面而没注意反面的题。这些都在复查之列，如果忽略，就可能铸成大错。还有些题是一题多问，一定要答全。

所以复查最好按页码、按题号的顺序一题一题地检查，这样不容易漏页、漏题、漏问。

复查最好采用逆向思维来检查。比如，原来用乘法作答，复查时可采用除法验算；原来是用这种方法得出的结果，复查时如有可能要换另一种方法来验证。换一个角度思考，就可以发现问题。总之，复查时最好改变首次作答时的方法和顺序，这样可以避免思维惯性的影响，避免继续沿错误思路又走过来。

复查也要防止把正确的改成错误的。因为复查中也许会犯新的错误，所以，当发现疑问或与原题不一致时，一定要反复思考确定确实有误后再改，切不可匆忙动笔就改，反倒改错了。每次考试过后都有这样的同学，后悔不已。有人认为，"第一次接触试题产生的第一感觉比较准确。如果没有足够的理由就不要修改"。这种观点是否有道理，同学们可以在考试中积累自己的经验，做出自己的判断。

标准化考试答题有哪些技巧

根据以往考生应考的实践经验，参加标准化考试，要掌握以下一些答题技巧。

（1）填涂技巧

标准化考试中，考生最容易出现的问题是填涂不规范，以致机器在阅卷过程中产生识别误差。克服这类问题的简单方法是要把铅笔削好。铅笔不能削尖削细，而应相对粗些，且应把铅笔尖削磨成马蹄状或者直接把铅笔芯削成方形，这样，一个答案信息点最多只涂两笔就可以涂好，既快又标准。

防止漏涂、错涂试卷科目和考号，是考生应十分注意的问题。考生在接到答题卡后不应忙于答题，而应在监考老师的统一组织下，将答题卡的表头按要求进行"两填两涂"，即用蓝色或黑色墨水（油）的钢笔或圆珠笔填写姓名、准考证号；用2B铅笔涂黑考试科目、准考证号。做到"两填两涂"后再进行正式答题，可以有效地防止漏涂和错涂。

（2）答题技巧

审涂分离移植法。这种方法是考生在接到试题后，不急于在答题卡上作答，而是先审题，并将自己认为正确的答案轻轻标记在答题卡相应的题号上，审题后再仔细推敲自己选择的答案是否正确，经反复检查确认不再改动后，再依次移植到答题卡相应的填涂位置上来（按要求将自己选择的答案在答题卡相应题号的选项上涂黑）。这种方法的好处是精力易集中，思绪连贯，不易涂错，答题卡纸易保持清洁、平整。考生需要注意的是千万不要在移植中填涂错位。

审涂结合并进法。这种方法是考生在接触试题后，边审题，边在答题卡相应位置上填涂，边审边涂，齐头并进。其好处是不易漏涂，不易错行。但由于是审涂并进，一心二用，易出现填涂不规范，故在审涂同时进行的情况下，应力求一次成功，如再改动，往往不易擦净，修改后的卷面在评卷中极易造成误差。

审涂记号加重法。这种方法是考生在接触试题后，一边审题，一边将选择的答案用铅笔在答题卡相应位置上轻轻记录（可以打钩或轻轻一画）。待审定确认不再改动后，再在记录的答题卡上加重涂黑。其好处是不易漏涂，不易错行，易改动。但要求考生一定要把握记号的轻重。记得太轻，加重时易忽略；涂得稍重，又为将来的修改带来麻烦。考生需要特别注意的是：记录在答题卡上的那些不需要的笔画一定要擦净，保持卷面的清洁，以免因试卷不净造

成误差，影响你的考试成绩。

（3）猜答技巧

选择题存在凭猜答得分的可能性，我们称为机遇分。这种机遇对每个考生是均等的，只要正确把握这种机遇，就不会造成考试的不公平。

单选型选择题猜答得分的机遇。标准化考试用得比较多的是单选型选择题。例如，四选一型。回答这种题目，首先要注意题目说明中是否有答错倒扣分的规定，如没有，当遇到不能肯定选出正确答案的题目时，千万不要放弃，应该猜答。可以先用排除法，首先排除能肯定辨认的干扰项，如果能排除两个干扰项，其余两个选项肯定有一个是正确的答案，再随意选择一项，就意味着这个题目你答对的概率为50%，如果放弃就等于放弃了这50%的得分机遇。即使一个干扰项也不能排除，也不应放弃，四个选项中随便选一项，得分的概率仍有25%，如果每名考生对自己没有把握的题目都猜一下，那么，机遇对每个人都是均等的，考试对所有考生来说仍然是公平的。如果有的考生放弃了这种机遇，反而会造成考试的不公平。

如果试题说明中有答错倒扣分的规定，对于一个干扰项也不能排除的题目，考生不要猜答。倒扣分的公式是根据概率原理推出来的，这时猜答，得分的概率与失分的概率是均等的。但是你若能肯定地排除一个或两个干扰项，余下的选项可以猜答，这时得分的概率大于失分的概率。

多选型选择题的猜答机遇。多选型选择题（一般为四选多型），是指已给出的四个选项中，有两个或两个以上选项是正确的，考生必须将全部正确选项选出。多选、漏选均不得分。这样的题目猜答对的概率是很小的，故不鼓励考生猜选。考生根据自己所学基本知识和基本技能，能确认一个正确答案就选一个，能确认两个就选两个，不能确认为正确答案的选项就不要选，否则可能画蛇添足。

多选型选择题不易猜答但仍有它的答题基本方法。现简单介绍如下：

A．消元法。多选题都是两个或两个以上答案是正确的。其干扰项（错误项）最多为2个，因此，遇到此题运用消元法是最普通的。先将自己认为不是正确的选项消除掉，余下的则为正确选项。

　　Ｂ．分析法。将四个选择项全部置于试题中，纵横比较，逐个分析，去误求正，去伪存真，获得理想的答案。

　　Ｃ．联想法。有时对四个选项无从下手，这时可以展开联想，联想课本、练习、阅读材料及其他，从而捕捉自己需要的知识点。

　　Ｄ．语感法。心理学家认为，一定量的语言材料可以使人们产生对某种语言的融洽自然的感觉，即所谓语感。在答题中因找不到充分的根据确定正确选项时，可以将试题默读几遍，自己感觉读起来不别扭，语言流畅顺口，即可确定为答案。

　　Ｅ．类比法。在能力倾向选择题中类比法十分重要，四个选项中有一个选项不属于同一范畴，那么，余下的三项则为选择项。如有两个选项不能归类时，则根据优选法选出其中一组选项作为自己的选择项。

　　Ｆ．推测法。利用上下文推测词意。有些试题要从句子中的结构及语法知识推测入手，结合自己平时积累的常识来判断其意，推测出逻辑的条件和结论，以期将正确的选项准确地选出。

考后做好总结

　　试卷发下以后，常常会出现这样的情况，得高分者手举试卷，扬扬自得，其他同学争相传看试卷；得低分者，形色沮丧，甚至气恼地将试卷揉成一团，扔到一边，一场考试就这样结束了。

　　其实，应试完毕并不等于考试结束，还有许多工作值得我们去做，我们可以从考试中学到许多东西。

　　（1）听好老师的讲评课

　　老师对试卷的讲评，具有高度的概括性和极强的针对性。老师讲评的重点也就是考试的重点和难点，它不仅可以使同学们明了考试错在哪里，应如何改正，并且会从各个方面分析同学们出现这些错误的原因，涉及的知识也不会

局限于卷面内容。所以讲评课也就是深化提高课，认真听好讲评课可以获得考卷上所没有的知识，可以帮助同学们掌握解题的思路、方法和规律。

优秀的同学，不管每次考得如何，考卷发下以后，他们都会专注地听老师的讲评，并且会一边听，一边记，一边思考。他们会把做错的题用另一种颜色的笔改过来，以提醒自己注意；遇有与自己不同的解法，他们也会记录在考题旁；遇有自己不理解的地方，如果没有机会提问，就在题边做个记号，等下课后再与老师或同学讨论。这样一节讲评课下来，就能对这次考试所涉及的知识点、自己掌握知识的水平及解题能力有个全面的了解，从而也获得了更为深广的知识。

（2）做好考试分析

考试分析是对一场考试的整体情况的分析，包括个人的应试状况、试卷分析、存在问题的原因等，而试卷分析仅仅是对试卷中各个试题应答情况的分析。因此两种分析是有所区别的。

考试分析实际上也就是进行考试失分的分析，通常包括两个方面的内容：

一是从知识结构上分析，按大题计算出失分率，之后顺序排列，对自己的知识缺欠也就一目了然了。

二是对错误的原因进行分析，在错误中分一下审题错误扣几分，计算错误扣几分，记忆错误扣几分，粗心大意扣几分，理解错误扣几分，基础知识错误扣几分，实验知识错误扣几分。然后按扣分多少排列顺序，也就找到本次考试失分的主要原因了。

除此之外，还应根据本次考试的具体情况，看看自己在考前准备、身心状况、考试技巧等方面是否也存在某些问题，因为这些因素同样会影响到考试成绩。譬如有些题的失分不是因为有关知识未掌握，而是因为缺乏应试技巧，或者到最后没有时间做而造成的。发现了这些问题的原因，如同发现了知识方面存在的问题一样，我们就可以采取相应的对策，对今后的学习进行调整和改进，从而避免下一次考试中再次出现这些问题。

（3）落实考后的改错

改错不仅必要，而且还须及时，根据已发现的问题，趁热打铁，将错题一一订正。有的同学还专门有一本"错题档案"，将每次考试出现的错题及解答都集中起来，作为今后复习时的重点。一些重要的试卷，应该分类保存，今后复习是会有用处的。复习时可根据错题涉及的有关知识点，有针对性地复习有关方面的知识。也就是说，不仅要知道已做错的题应该怎样做，而且还要全面强化和巩固有关方面的知识，以避免在今后这些方面再次出现类似的错误。因此，根据掌握学习的策略，最好能针对已出现的错误，再做一些同类的练习题，以进行补偿训练，避免将遗留的问题带到以后的学习中去。

（4）做好自我评价

评价可以从横向与纵向两个方面进行。横向评价可以是对自己各学科考试成绩的平行比较，以判断自己各学科的发展是否平衡，也可以是与同学之间进行比较。我们虽然不赞成学校考试以考分排名，按名次授奖的做法，但根据考试成绩排名，明了个人现实的学习状况，则是可取的。纵向评价是自己与自己的比较，就是把自己前后连续阶段的考试成绩进行评价比较。也许你的成绩在横向评价中仍处于中游甚至于偏下，但只要你是在不断进步，暂时的落后并不可怕；相反，也许你目前仍处于横向评价的上等水平，甚至保持第一，但你自己的进步幅度很小，后面同学与你的差距正日益缩小，这种情况便不容乐观，你应找出问题，及时改进。科技大学少年班的某同学，从中学到大学都保持着第一，他的常胜诀窍就是："我不允许自己的下一次比这一次更糟糕，我只同自己竞争。"纵向评价不存在与同学竞争的压力，它只是学生个体发展的比较，且能利用"我在进步"的反馈信息增强自己学习的兴趣和信心，因此纵向评价是学校教育中学业考试评价所提倡的。

第九章
找到适合自己的学习方法

学习一定要讲究方法

"工欲善其事，必先利其器。"好的学习方法，是提高学习效率的有效途径。英国有位社会学家，曾经调查了几十位诺贝尔奖获得者，发现这些获奖者大多认为，学生学习期间，最重要的是掌握学习方法。法国著名生理学家贝尔纳曾深有体会地说："良好的方法能使我们更好地发挥天赋的才能，而拙劣的方法则可能阻碍才能的发挥。"

在竞争越来越激烈的今天，在做任何事情都要讲求效率的今天，我们经常能够看到：学生们那略显稚嫩的肩膀上背着的书包越来越沉重；众多的中学生仍然不得不放弃休息日的游玩时间而赶到学校补课。在家庭里，我们也经常能够听见家长们催促孩子赶快学习的声音。

学习，难道真的让中学生们如此不堪重负吗？学习，难道就只能被动地接受吗？当然不是，只是我们的家长和中学生朋友依然有意或无意地陷入了过去的误区中：认为学习除了用功还是用功，除了勤奋依然是勤奋。过分相信勤奋与用功的作用，却往往忽略了方法的正确与否，其结果也往往是事与愿违，使学习和所要达到的目标背道而驰。

许多同学都有这样的感触：为什么小学六年成绩一直遥遥领先于其他同学，一到中学便仿佛换了个人似的，自己拼尽了九牛二虎之力也难以进入优等生之列。数学逻辑的难以把握，英语语法的捉摸不透，物理化学的高深莫测，都像一只只拦路虎横亘在你的面前，让你望题兴叹，难以逾越。尤其是到了高中，高考升学的压力更是令人喘不过气来，弱科往往成了自己向理想的名牌大学冲刺的最大障碍，而且越是成绩不好便越不想学。久而久之，名牌大学难以企及不说，就是一般的大学也令你徒唤奈何。

许多同学在被问及学习方法乃至应考方法时，总是犹抱琵琶，很难说出

具体方法来。其实，谁都明白，没有一定的学习方法，单凭死记硬背是不能取得好成绩的。

我们先撇开一下，来看一看爱迪生给他助手出的一个考题。有一天，他突然想出一个题目来，要考察一下他的一个助手——普利斯顿大学数学系毕业又在德国进修过博士学位的高才生，有没有运筹方法的头脑。题目是："求出一只电灯泡的容积。"那位聪明的助手拿到那只灯泡后，倚仗自己出色的计算能力，又量又算，但一个多小时后还没有算出来。爱迪生一看助手的满纸算式说："未必这样复杂！"他拿过灯泡，把水倒满在灯泡里，再把灯泡里的水倒进量杯："你看，这不马上就知道它的容积了吗？"

这个故事不用多讲，大家都已明白一个简单而深刻的道理。如果把那些拙笨呆板、死记硬背、杂乱无章蛮不讲理的学习方法去掉，代之以既符合学科知识规律，又符合认识规律的学习方法，让同学们懂得应该怎样把整体分为部分，或把部分归为整体；怎样进行分析、比较，区分出主次轻重；怎样运用概念或原理，进行推理、判断；怎样运用图表、资料；怎样记忆；怎样组织材料；怎样提取或表达等，那就可以省出更多时间和精力，也可使学习成绩迅速提高。

这一切无不表明，许多成绩优异的同学，其实也在有意无意地自觉运用正确的学习方法，只是自己没有清楚地认识到罢了。当然，有一点还必须注意，那就是不同的中学生，学习方法也因各自特点的不同而会有所差异，但一些基本的方法肯定是相同的。

学习方法不当的表现及改正措施

人们研究学习方法的历史已经很久了。两千多年前，我们的老祖宗孔夫子就有很多关于学习方法的论述，像"学而时习之"、"温故而知新"等都是很好的"常规武器"，同学们不是至今还在应用嘛，而且很有效。

学习方法科学与否、正确与否，就看是不是符合学习规律。符合学习规律的方法就是好方法，就会被人们反复运用，不会被抛弃。即使有些改变，也是在遵循基本规律的前提下，小改小变，变得更加完善。这正像人们穿的裤子，怎么变化也是"两条裤腿一个腰"。我们没有专门研究裤子的发展历史，但是我们想自从有了裤子大概就是"两条裤腿一个腰"，要说有变化也只是样式、面料、颜色的变化，基本的东西不会变，因为"两条裤腿一个腰"符合人体构造的基本规律。

我们不能因为总是"两条裤腿一个腰"太平淡了，就不穿裤子了（当然穿裙子是另一回事）。同样，对那些基本的常用的学习方法，也不能因为它们是"常用的"而不去用。相反，正因为是常用的，是经过千百年考验、经过千千万万人验证行之有效的，我们就更应当重视，更应当认真实行。

有些同学总认为常规学习方法是"老生常谈"，认为："还不是那一套，什么'上课听讲'、'及时复习'、'坚持预习'……这些东西我早就知道，可它在我身上不起作用呀！"

为什么不起作用？你认真想过吗？之所以对你不起作用，很重要的原因是你思想深处轻视这些方法，而实际行动中又没持之以恒地去认真实行。

学习方法不当的学生，常常会有以下表现：

（1）学习无计划

这些同学整天忙于被动应付作业和考试，缺乏自主安排。

（2）不会科学利用时间

有的学生虽然忙忙碌碌却效果不佳，有的学生不善于挤时间常抱怨时间不够用，还有的学生平时松松垮垮临到考试手忙脚乱。

（3）不求甚解，死记硬背

这是最低形式的学习，它不需要理解，不讲究记忆方法和技巧，只是多次重复直到大脑中留下印象为止。它常常使记忆内容相互混淆，而且不能长久记忆。

（4）不能形成知识结构

有的学生单元测验成绩很好，可一到综合考试就不行了，其原因也往往

在于他们没有掌握知识间的联系，没有形成相应的知识结构。这种学生对所学内容与学科之间，对各章节之间不及时总结归纳整理，致使知识基本上处于"游离状态"。这种零散的知识很容易遗忘，也很容易张冠李戴。

（5）不会听课

这主要表现在：课前不预习，对上课内容完全陌生，无法带着疑问去学，听课时开小差不记笔记或充当录音机的角色，把老师所讲的一字不漏地记录下来；只让自己的记录与教师的讲述保持同步，而不让自己的思路与教师保持同步；课后不及时复习，听完课就万事大吉；等等。

（6）不会阅读

这主要表现在：不善于选择阅读书目；没有阅读重点；阅读速度慢，不会快速阅读，也不会略读，任何情况下都逐字逐句；不善于带着问题去读，阅读之后没有什么收获。

（7）抓不住重点和难点

学习方法不当的学生，在看书和听课时，不善于寻找重点和难点，找不到学习上的突破口，眉毛胡子一把抓，全面出击，结果分散和浪费了时间与精力。

（8）不会运用所学知识

这些同学往往只满足于学习书本上的知识，不善于在实践中学习、在实践中运用，不能用所学知识解决实际问题，具体表现为动手能力差，不喜欢上实验课和操作课。

（9）不善于科学用脑

这主要表现在：学习时不注意劳逸结合，不善于转移大脑兴奋中心，使大脑终日昏昏沉沉，影响学习效率。

怎样纠正学习方法中的错误，并提高学习效率呢？

发现自己的弱点后，不要泄气，要区分哪些是首先要解决的问题，哪些是要逐步解决的问题。

心理学实验证明，随着时间的延长，遗忘的过程是先快后慢，所以当天老师教的内容不复习，过2～3天后再去听课，脑子里只有隐隐约约的内容但记不确切。这里介绍一种学习方法——过度学习法，即当你已经熟读十遍背诵出某项内容后不能就此结束，而需再继续熟读五遍，那么就不容易忘记了，如果第二天再熟读五遍，那么这项内容更不容易忘记了。另外复习时要将上课记的笔记整理好，漏记的要补上，边复习边将重点内容做记号。

要在复习的基础上独立完成作业，提高作业质量。

要进行错题统计分析。准备一个专用本子，取个名字如"错题大家庭"、"拦路虎乐园"。每次作业或考试出现错误，我们在专用本子上将错题抄下。然后按正确的方法重做一遍。之后分析错误原因，是不会审题，还是粗心大意；是没有掌握这部分内容，还是不会正确分析。用红笔将错误的内容标出。过一段时间，再来整理错题，将错误的类型汇总，看一看哪部分错得最多，哪种错误原因最为常见，以后避免出现类似的错误。

考试前应提前几周制订复习计划。

学会使用工具书。

学会阅读方法：做读书笔记和摘要。掌握阅读的一般步骤：初读、再读、精读、熟读。重视自己的发散思维、辩证思维、求异思维等思维方法的培养。寻找适合不同阶段、不同学科的学习方法。

循序渐进的学习方法

人的认识是由浅到深，由未知到已知，从现象到本质，从感性到理性的逐步深化的过程。反映人们对客观世界的认识的书本知识，当然也有其深浅、层次高低之分。间接吸收知识必须与其直接的认识过程相一致，读书一定要注意书的深浅程度和层次性，循序渐进。所谓循序渐进，就是要按照自己已有的认知程度，选择适宜的书籍、文章阅读，由浅入深，从低到高，一步一步地学。读书需掌握尺度，掌握步骤，无论是读自然科学方面的书，还是读社会科学的书都要先读初级的，再读中级的，然后才能攻读高级的。循序渐进，还要

适量。一般地说，读书的分量不要过重，一次不要读得太多。初学一门知识，初读一种书籍时，进度要放慢些，切勿贪多求快。

循序渐进的方法可用于各门知识的学习。具体做法是：把要学习、记忆的内容分成A、B、C、D、E等部分，先学习A部分，记住后，再学习A、B两部分，记住B部分后，再学习A、B、C三部分……如此循环往复，达到边记忆边复习的目的，直到掌握了要学习、记忆的全部内容为止。于是学习者始终知道自己的学习任务和学习效果。

循序渐进记忆法是一种慢中求快的方法，其特点是学习、记忆过程的重复。这从表面上看似乎多费了些时间，但它有很多优点。

在具体做法上，首先要找出材料的顺序。顺序的排列，一般是根据各部分内容的重要性、难度大小确定的，但有时也可根据看问题的不同角度、阐述问题的不同层次而确定。在这种情况下，应该注意各部分之间相互转化、相互衔接、相互过渡的特征，这是很重要的。

如记忆英语单词，通过对不同层次的单词的先后记忆，最终达到全部掌握单词的目的。先假设如果学生能说出某一单词的所有汉语意思和用法，那么该单词对他来说就是最简单的；如果能说出它的部分意思，就把它定义为中等难度的词；如果不能够说出它的任何意思和用法，就把它定义为最难的词。记忆的顺序是由简单到中等，中等的记住以后，再记忆最难的。经过一段时间的记忆，一部分最难的词就变成了中等难度的，在以后的记忆中，难的不断变为中等的，中等的不断变成简单的，最终所有词汇都变成自己熟识的词了。这是第一层次上的循环。

另一层次上的循环是，在记忆中等难度和难的词时，可以将单词按一定的标准分组，规定第一天记忆第一组，第二天记忆第二组，第三天记忆第三组，复习第一组，第四天记第四组，复习第二组。

这样能使学习过的东西在头脑中巩固下来，形成牢固的记忆，并且能促进对知识的理解，避免记了新的忘了旧的，解除了后顾之忧，因而能有效地扩大记忆成果。

运用循序渐进记忆法还有助于记忆内容的前后衔接，避免各部分记忆内容脱节的现象，从而形成对一个识记材料整体的完整记忆。

在平时学习中做到循序渐进时要注意：

（1）要勤

知识的增长，是日复一日、年复一年的积累过程。在这个过程中，既要眼勤，处处留心；又要手勤，不怕麻烦，诸如做笔记、做摘要、抄资料、制卡片、搞剪贴等。平时不论读书报、看电影、参观访问、与友人谈话，都要做有心人，一发现对自己有用的知识，就随手记下来。积累知识光凭脑子不行，要代替脑子储存起来，由脑子指挥应该储存哪些信息，也由脑子取舍哪些信息现在不用，哪些信息现在可用。

历史上勤于涉猎、随时随地积累知识的趣闻逸事何止万千。中国唐代诗人李贺，经常天一亮就骑驴出门，身上背着一个锦囊，遇有所得，就用纸记下来，投入囊中，晚上回家，就把它们整理成诗。他的诗在唐代诗坛上大放异彩。俄国作家果戈理无论走到哪里，总是随身带着笔记本，把他所听到的或者见到的传说、故事、民歌、谚语和各地的风土人情、奇闻逸事记录下来。有一次，他和朋友上饭馆，饭菜都摆好了，他还在埋头抄写一张菜单，而且一边抄一边赞叹："太好了，太有用了！"这份菜单后来被他用在一篇小说里。

（2）要广

学贵博而能专，因为各种知识是互相联系、互为作用的，掌握的知识越广，就越能左右逢源，豁然开朗。《红楼梦》的作者曹雪芹如果没有丰富的园林、服装、医药、诗词等方面的知识，他能绘制出那么瑰丽多彩的历史画卷吗？奠定经典力学理论基础的牛顿，倘若只懂得伽利略的物理学，而不精通于开普勒的天文学，他能提出牛顿力学三定律吗？所以，要在科学事业上有所突破，除了追求一定的专业目标外，还要触类旁通，兼收并蓄。

（3）要恒

"若有恒，何必三更眠五更起。最无益，莫过一日曝十日寒"。这副对联正好说明了这第三个要点。知识的丰富是一个长期积累、锲而不舍的过程，不可能一蹴而就，可贵的是持有恒心和毅力。美国物理学家富兰克林，在当印刷工人的时候，利用工作间隙，学习正在印刷、装订的书刊，又利用与书店老

板熟悉的关系，从那里借书看，抓紧业余时间攻读，多年一直如此。后来又自学了意大利文和西班牙文，终于获取了各种丰富的知识，成为电学巨匠。

（4）要整理

既然积累是为了用，就不能光是看、抄、摘，还必须加以整理。注意及时整理不仅可以帮助记忆，加深理解，有助消化，而且便于查找，要用时一翻就能找到。如果乱麻一堆，不能分门别类，就很难达到这个目的。如何整理、归类，可以因人、因学科不同，采用适合于自己的方法。

间隔交替学习方法

用脑如同用土地，要想在土地上获得丰收，就必须不断地换种农作物，让土地修复一段时间。同样，我们要想好好地利用大脑去学习，也需要不断地变换学习内容，不宜长时间地学习同一科目，而应该交替学习，这样将能够大大地提高我们的学习效率。

我们在学习时，不同的学习内容会在我们大脑皮层的不同区域形成兴奋点，如学习英语和学习语文在大脑皮层中形成的兴奋点就分别位于不同的位置。因此，倘若长时间地学习同一内容，必然会使大脑皮层相对应区域的神经细胞负荷加重，从而降低学习效率。这时，如果能够变换一下学习内容，就可使大脑皮层的另一个区域产生兴奋点。这样，大脑不同区域的神经细胞轮流地工作，大脑就能够获得充分休息，从而有助于大大地提高我们的学习效率。

同学们应该都有过这样的体会，如果长时间地做同一门功课，就会感觉到很单调，疲惫之感也会逐渐加重，记忆效果也不是很好。其实我们的大脑同肉体一样，也会有精疲力竭的时候，时间一长，不免会有疲惫感，甚至神经麻木，什么东西也看不进去了。

有一项实验，是让许多参试者从头至尾不间断地阅读100页书，结果前10页的内容几乎所有的人都记得很清楚，最后10页就谁也记不清是什么内容了，即使有人记住了，那也是扭曲模糊的记忆。确实如此，一个人如果长时间地学习某一内容，大脑极易产生疲劳，思维的灵活性也会大大地降低，而且，心情极容易烦躁。针对此种现象，同学们应该避免长时间地学习同一内容，而是应采用交替式的学习方法，即把不同性质的材料根据时间进行分配，间隔交替地去学习。这样既保证了学习时间，又提高了学习效率，还获得了休息。

曾考入清华大学的周亮同学就很推崇这种学习方式。他说："每次我在做数学题时，如果感觉做烦了，就会拿出一本《读者》来读上一篇小文章，这样既使我的大脑得到了休息，又让我获得了新的知识，真是一举两得。"当然，这种休息方式也可以是把不同性质的学科合理交叉进行学习，一般是把偏重记忆或偏重形象思维的语文、历史、地理以及外语等同偏重逻辑分析的数学、物理等穿插进行，这样学习效果会较好。另外也可以是不同学习方式的交替穿插，例如要记一个小时的外语单词，那么你就可以先拿出20分钟来边看边写一遍，然后再拿出20分钟来听一遍，最后20分钟就可以和同学相互提问，通过这三种方式的交替进行，其效果肯定比一个小时全部都用在边看边写的记忆效果要好得多。因为这样，大脑皮层的神经细胞不仅不会感到疲劳，而且还能相互促进。

18世纪法国启蒙思想家卢梭也曾采用交替法读书，他常常这样安排时间：早上攻读哲学，中午翻译地理、历史，还在学习中做一些体力活动。这使他的学业大有长进，记忆效果特别好。

中学生需要掌握的科目很多，因此更加不能顾此失彼。任何单一的活动持续时间过长，都会引起人的厌倦，使人疲劳、注意力分散，从而降低学习效率。而交替学习是一种提高效率的有效途径，能够帮助同学们提高大脑的兴奋程度，因此，我们在学习时，要不断变换学习内容和学习方式，避免单科独进、方法单一。应使各科内容交替进行，耳眼口手脑并用，听说读写算并进，学习方法多样化，这才是全面发展综合素质的正确途径。

一些同学在复习的时候，整个晚上都在啃着教科书和模拟试题，一直熬到深夜两点。他们似乎很用功，但是他们的精力并没有集中到学习上。因为他们一直在学物理、几何、化学等理科功课，大脑已经很疲惫，没有兴奋点，再

多的东西也学不进去了。

5个小时都读英语的效果，会比每天都读一小时的英语效率低，这是因为读5个小时的话，难免会有一种很累、不想再读的感觉，但是若只读一个小时，就不会有那种感觉，反而会有才读一个小时，要好好读的心态。

有的学生学习外语，不靠及时复习，只在考试之前搞突击，集中背单词、词组、句型和课文，因为要记忆的知识量太多了，因此效果极差；有的学生学习起来，一坐就是一天，弄得头昏脑涨，记忆的效果很差。

要想提高记忆的效率，在学习内容的安排上还要注意文理交替。具体来说，就是不把内容相近的科目集中在一起学，而是将文科和理科相互交错安排。

如果要提高学习效率，就不要盲目。你可以把几种文理科的复习安排在一起，还可以在复习的中间休息一下，听听歌，弹一首喜欢的曲子，等等。你也可以把一本小说或诗集放在身旁，在学习数学性课程的时候，每隔20分钟就轮换着看这些书或弹钢琴，让大脑均衡运动，充分发挥其功能。

间隔交替法运用得好，确能收到事半功倍的实效，但不善于运用这种方法，则会事倍功半。有的同学学习十分刻苦，整日足不出户，一本书不翻到头不罢休，分分秒秒都舍不得，真是"三点半，连轴转，半顿饭"，日复一日，年复一年，弄得筋疲力尽，结果收效甚微；而有的同学则不然，学习有规律，生活有节奏，看上去没有"争分夺秒"，却是成绩突出，效果惊人。这就是是否运用间隔交替法的差异造成的。

常用的联想学习方法

所谓联想，就是由当前感知或思考的事物想起有关的另一事物。心理学认为，联想实际上反映了客观事物之间的联系，它在促进人的记忆、想象、思维等活动中，占有重要的地位，它成为人的思维的一种形式，成为学习的一种方法。学习的一种主要机能就是在有关经验中建立联系，思维中的联想越活跃，经验的联系越牢固。经常地形成联想和运用联想，可以增强学习效率。

在实际学习中，常用的联想方法有以下几种：

（1）故事联想法

故事联想是最简单的联想，就像看电影一样，只要看过电影的剧情，就能回忆电影的细节。的确，电影的情节应该比书本的知识容易记，除了电影有声、光、画面外（听觉记忆+视觉记忆），丰富的故事更是快速记忆的关键。

在学习中，我们也可以运用这种方法。例如，我们要记忆电池、马克杯、咖啡、桂林这四个词。我们可以这么练习：我的录音机的电池快用完了，为了未雨绸缪，我就先到商场买些电池，买电池时碰到一个朋友，所以就一起到咖啡厅用马克杯喝咖啡，然后朋友跟我说下星期一定要找机会买票坐火车去桂林看看。在这个过程当中，整个剧情包含为什么要去买电池，碰到朋友的过程中用漂亮的马克杯喝咖啡，然后朋友建议我买火车票去桂林旅游。

（2）图像联想法

如果看到一个男孩子，刚好他的相貌有一点像影星汤姆·克鲁斯，起码会记得，他和汤姆·克鲁斯差不多，他的个子不高，而且蛮帅的，他笑的时候有酒窝，眉毛是浓浓的，然后总是有个露牙笑容，等等。因为用联想的方法来记这个人的样子，就可以避免弄混这个人的样子，会借由别人的某些特征，提升新的印象，这个就叫作图像联想法。

（3）流程联想法

流程就是一个基础、一个过程，例如我们日常生活都有流程，起床、刷牙、吃早餐、上学或上班等这一方面的流程，这种日常生活的固定模式让我们很容易从起床联想到刷牙，联想到吃早餐，联想到上学、上班。

所以若是记忆的事物有流程可循，或是我们可以创造出类似流程的联想，就能产生牢而不破的记忆链，可以从头记到尾，自然也能从尾记到头。

（4）声音联想法

除了声音本身的特质，如音色、音质、音量可以当作联想的线索外（例如人的声音低沉，我们可能会联想这人很沉稳；尖厉的声音可能联想到紧急、

恐惧等情景），谐音或译音也可以成为声音联想的素材。例如谐音，一位老师的名字叫"何景峰"，如果倒过来讲就变成"峰景何"（风景河），就像一条有漂亮风景的河，所以头脑很容易联想到名字的发音、谐音等。

（5）口诀联想法

口诀是利用关键词、押韵、节奏、图像等联想的元素组成的"鸡尾酒"联想法，汉字的特色让口诀更能发扬光大。很多口诀是5个字或7个字。例如，G8（八大工业国家高峰会，包括俄罗斯、德国、法国、美国、日本、加拿大、意大利及英国），即"俄德法美日加意英"，然后可以用谐音或是转移来协助我们联想，比如"肚子饿的话（俄德法），每（美）日加一（意）只老鹰（英）在饮食里"。

在我们学习外语的过程中，联想更是一种重要的方法，它可以使我们避免那些枯燥的语法、生硬绕口的发音，极大地提高效率，达到事半功倍的效果。前人总结的比较有效的联想方法还有以下一些，同时附上了一些例子，以供参考。

（6）比较联想法

比较联想，是指由视觉看到或听觉听到的词而引起对另一个词的回忆，并从中进行比较，找出它们之间的相同、相似或相反之处，从而建立起某种联系。这种联想常可用于一些同义词、近义词、反义词（或短语）的学习。

如，learn（学习）—study（学习），high（高）—tall（高），just now（刚才）—a moment ago（刚才），long（长）—short（短），open（打开）—close（关闭），get on（上车）—get off（下车），husband（丈夫）—wife（妻子），teacher（老师）—student（学生），king（国王）—queen（王后），teach（教）—learn（学），等等。

当然，应避免机械、简单的联想，在比较联想中，有比较还应有鉴别，特别是对近义词，尤其应这样。

（7）近邻联想

心理学认为，人的心理机能活动具有一定规律性，这种规律性也体现在人们对时间和空间上邻近的事物会自然地展开联想。近邻联想，指的就是这种在时间和空间上由一事物引起对另一事物的回忆这一心理现象。如，ice（冰）→snow（雪），winter（冬天）→skate（滑冰），或ice→water（水）→steam（蒸汽）等，由此再与solid（固体）→liquid（液体）→gas（气体）相联系。这种联想，只要有时间，尽可不受约束地进行下去，在复习单词时，更可以这样做。

对单词按词义分类联想，也是近邻联想的一种形式。如把名词分成人物、家庭、地点、建筑物、气候、自然、时间、人体、动植物、学科、语言等类，这样，在学习、复习一个词时，会较容易地联想到同类词中的其他词。

（8）情景联想

这种联想是从某一单独的、具有普遍意义的词（或短语）引起对某一具体的、特定的情景的联想。这种联想，不仅加深了对单词的印象，有利于记忆，还能把词与句、词与文相结合，达到理解掌握、准确运用所学词汇的目的。

情景联想，首先在于情景，情景应生动有趣，与众不同；其次在于联想，联想应恰当、合理。如在学习单词cry（哭）时，先将其读音[krai]与小孩的哭声相联系，这是情景之一；在学过这一课的课文后，把cry与课文中baby（婴儿）有关的情景联系起来，这样，学对cry的词义、过去式、动名词形式及其搭配用法等，就有较为鲜明、深刻的印象。有时，还可把某个词与多种情景相联系，加强记忆效果。复习该单词时，多回忆这些特定的情景，多联系在不同情景里的用法是很有好处的。另外，还可以通过语言、图片、动作、表情等为某些单词创造一些情景。

（9）趣味联想

这是一种发挥想象力，由所学的语言材料通过某种不大合理但却有趣的手段，引起对另一语言材料的回忆。这两者之间可能风马牛不相及，但正是这种不合逻辑的、荒诞的、离奇的东西，给人留下深刻记忆。如学单词see（看），该词中的"ee"如同两只眼睛，因而与"看"有关；学习look（看，注视），观其形，"oo"如同一副眼镜，故该词与"看"也有关，而且戴上眼镜看，这种"看"无疑就是有意识的"看"了。这样既认清词义、拼写形

式，又能道出see与look的基本区别。

（10）语言联想

这种联想指从某个词的发音引起对某种事物或状态的联想。如，单词laugh，其中"au"在英式发音中发长音[aː]，开口较大，整个词读起来直抒胸臆，如若开怀大笑，故这个词意为"笑，发笑"；单词spit（吐痰），读此单词时状若吐痰；ball（球）中"al"在英式发音中发[ɔː]，是个圆唇音，可以想象口形圆如一个"球"；读单词monkey（猴），语音清脆，如若猴之活泼、灵敏；单词camel发音浑厚，尾音绵延，由此想象出骆驼的雄浑高大；而单词cat读音较短，尾音干脆，让人联想起猫的小巧、灵活。

熟练掌握联想的学习方法，可以达到深刻理解，快速记忆，熟练应用的效果，使学习事半功倍，是一种值得借鉴和采用的学习方法。

大胆质疑的学习方法

学习不只是接受新知识、新观点，还要善于质疑，善于发表自己的见解。这样，所学知识才真正为同学们所用。古今中外一些重大领域的重大发明和突破，往往是从假设提问开始的。善于运用假设提问这种方法进行读书学习常常可以收到意想不到的效果。

（1）学习中培养问题意识

所谓问题意识，是指人们在认识活动中，经常意识到一些难以解决或疑惑的实际问题及理论问题，并产生一种怀疑、困惑、焦虑、探索的心理状态。这种心理又驱使个体积极思维，不断提出问题和解决问题。思维的这种问题性心理品质，称为问题意识，它是培养学生创新精神的切入点。

一个优秀的学习者，必然是一个具有强烈的问题意识的人。也就是说，他总能发现那些有价值、有意义的问题，然后经过聚精会神、持之以恒的努力，他也总能得出自己的结论。

　　然而，一个有价值、有意义的问题并不是那么容易发现的。我们周围充斥着显而易见的问题，这些问题无须发现，但在我们习以为常的现象背后的那些问题，人们又常常难以发现。正如心理学理论所揭示的那样，大凡在科学上能独树一帜的重大发明与创新，与其说是问题解决者的功劳，毋宁说是问题发现者的功绩。仔细考究起来，这里所谓"发现"，主要是指意识到某种现象的遮蔽之处，意识到寻常现象中的非常之处——但这当然不是一件容易的事。

　　这种例子举不胜举。比如每天有无数烧开水的人都见到过水开时壶盖会跳，但此前却没有一个人能像瓦特那样专注地提问："壶盖为什么会跳？"正是瓦特发现了这个问题，才由此发明了蒸汽机。而一个成熟的苹果由树上落到地上，人们更是习以为常，但也只有牛顿一人对此进行了深入思考，从而创立了名垂后世的经典地球引力理论。如果仔细推敲这些事例，我们就不得不承认：机遇只会光顾那些有准备的头脑。因为瓦特、牛顿们此前已对此类问题苦苦追寻多年，这才导致因为某个事件的出现而豁然开朗。

　　因此，培养"问题意识"绝对不是一朝一夕之事，它同样需要持续的努力、专注的精神和一颗赤子之心。

　　（2）怎样质疑问难

　　我们要能提出问题，光有勇气还不行，还要会质疑问难的方法。在学习时我们可以从不同书本不同理论之间、不同推导与叙述之间、理论与实践之间、原有知识与新学知识之间进行比较，从正面叙述的反面去思考；从概念、判断、推理等逻辑结构上去分析；从论述的原因和结果中去验证，用多种办法，去提出疑问，去发现问题，从而求得提高。如对一个新课题，可以问这个知识的具体内容是什么，为什么要学习这个知识，学习这个知识有什么用，哪些旧知识和它有联系，这个知识与相邻知识有什么区别和联系……

　　人的任何一种能力的形成都是循序渐进的，学会提问也是有一个过程的，在这个过程中，要有耐心慢慢来，如果能有老师在旁边指导和示范，这个过程会相对缩短许多。

　　除了要敢提问，更要开动脑筋，积极思考，提出与众不同的有较高质量的问题。

（3）提问亦要讲方法

我们做任何事都要讲求方法。方法合适则事半功倍；方法如果欠妥当则恰恰相反，会事倍功半。提问也是如此；这里所讲的提问绝不是"一加一等于几"这样简单的提问。它有一个善不善于问的问题。

善于问的一个要求是：提问要从整体出发，系统设计，围绕重点，不枝不蔓地提问。也就是说，不要对一些鸡毛蒜皮、无关紧要的东西过多纠缠，同时要简洁明了。

最后，也是最关键的问题：提问要探明自己的疑点难点所在，问到关键处，即真真切切问自己不明白的地方。还有一个小经验就是提问要推陈出新，不落俗套。

（4）提问的设计

提问的设计概括地说，主要有下面三种方法：

①分解整合。就是把一个问题从不同层次和不同角度分解成几个小问题来问，然后再加以概括归纳，这样比较容易把问题讲清楚。

②阶梯设疑。就是说设计问题要有梯度，由浅入深，由易而难，步步推进地解决问题。切不可企盼一锹挖口井，一口吃个胖子。

③正反问结合。说起来，这种问法倡导于两千多年前的大教育家孔子。孔子说："有鄙夫问于我，空空如也，我叩其两端而竭焉。"意思是有人向我问问题，他提出的问题我一无所知，于是就此事的前因后果向他询问，直到他自己完全明白。因此，我们在学习中有时也可先不用"叩其两端"，而是先举出问题的一方面，然后举一反三。

（5）提问的禁忌

提问法虽然是我们学习的一种好方法，但不能把它当作"万金油"，动不动就搬出来乱用一气。提问同样有其固有的局限性，提问如果不当，会堵塞自己的思路，人为地造成学习障碍。因此提问有如下禁忌：概念不清，逻辑混乱；平铺直叙，索然无味；无的放矢，难易失度；要点不明，主次不分；结构简单，形式单一；"鸡蛋里挑骨头"，滥用提问；毫无准备，信口开河。

第十章
让身体保持最佳状态

采取措施预防眼睛近视

中学时期，学习任务加大，眼睛的负担量大大超过小学阶段。所以同学们都不要有侥幸心理，以为在小学学习过程中自己视力没有下降，到中学也不会，而是应该及时预防，认真贯彻执行用眼措施。

（1）改善用眼环境

在家里，照明条件、桌椅都不能凑合，因为每天在家中要紧张读写几个小时，是很费眼力的，这和生活中看报、吃饭、聊天所需的照明条件不能相比。过去就有一些家庭，省了电费，多了药费，实在是得不偿失。

（2）加强身体锻炼

眼睛不是一个孤立的器官，它和全身发育有密切的关系。有一个初中三年级，近视眼发病率显著低于历届班级，后来发现一个主要原因，就是这个年级全体同学，全年坚持长跑。无论严寒酷暑，他们从不间断，结果没想到对眼睛也有很好的保护作用。

（3）合理安排生活，保证充足睡眠

有的同学不能科学安排时间，有时长时间用眼，中间又不休息，这是最不利于保护眼睛的。睡眠是恢复各种器官功能的一种重要行为。睡眠不充足，各种器官没有恢复过来，又不得不承受新一天的各种负担，时间一长就可能造成疾病。而眼睛是最娇嫩的器官，可能会最先受到损伤。

（4）认真做好眼保健操

在完成家庭作业的过程中，最好能做一次眼保健操，既保护了眼睛，又使脑子得到一次有益的调节。

（5）注意饮食

常吃动物肝脏和胡萝卜，为眼睛补充营养。

（6）不玩电子游戏，不长时间看电视

电子游戏对学生的伤害，已为各种研究所证实，其中对眼睛的伤害尤为突出。至于锻炼学生的灵巧反应能力，通过各种体育活动也可达到目的。看电视对眼睛的损害，也比较明显，所以除了强调要在远距离看电视外，还要强调不能长时间看电视。

（7）每年至少两次定期检查视力

如果发现视力减退，就要及时到医院检查治疗。这对中学生特别重要。一来因为中学生学习负担突然增加，稍不注意，眼睛就会变坏；二来中学生多半是假性近视，必须及时检查，及时治疗，以免发展为真性近视。

（8）是否佩戴眼镜，要听医生指导

如果是假性近视，注意不要急于戴眼镜，因为这时眼内肌（睫状肌）已经处于紧张调节状态，如果这时再戴眼镜，反而会促使眼内肌进一步紧张而加重视觉疲劳。不过这时要加紧治疗。

如果是患了真性近视，那就要克服怕别人议论的顾虑，及时佩戴经科学检验而制作的合适的眼镜。不过戴上眼镜后，还要注意坚持执行保护视力的各种措施，不然，习惯不好，近视程度照样会加深。

中学时代，是人生最美好的阶段，珍爱生命，保护自己，是每一个学生必须明确的观念。度过中学时代，顺利进入青年时代，那时候，就有条件在人生的舞台上开始展示自己，使生命能够大放光彩。

及时给大脑补充营养

营养物质是人类维持生存和进行学习、劳动所必需的，大脑的营养状况则更是直接影响到中学生的生长发育、智力水平和学习能力，大脑营养不良极有可能造成智商和学习能力低下，危害巨大，人脑虽占人体重量不足3%，却要消耗人体20%以上的养分。因此，在日常学习和生活中，要及时给大脑补充营养。

人脑需要的重要营养成分是：蛋白质、脂肪、糖类、维生素以及矿物质钙、磷、镁等。它们各有不同作用。含有这些成分又容易被消化和吸收的食物，都可以作为健脑和增进脑力的食品加以利用。含上述各种营养成分的食物如下。

蛋白质类：含于各种肉类、奶、蛋、鱼类、肝、豆类以及豆制品中。

脂肪：在兔、猪、牛、羊、鸡、鸭、鱼等动物体内以及花生、芝麻、核桃、葵花子、松子、西瓜子、南瓜子和杏仁里含量丰富。

糖的摄取主要是米、面食品及食糖。它是增强脑细胞记忆和思考能力的物质。

含B族维生素的主要有：花生、核桃仁、杏仁、芝麻、金针菜、鱼肝和鳝鱼等。它们能促进脑细胞蛋白质的功能，使大脑的兴奋和抑制机构更好地发挥作用。

含有维生素C的有：各种新鲜的蔬菜和水果，其中枣、橘子、蔬菜、辣椒含量最为丰富。

含维生素E的有：麦胚油、稻米、大豆、花生、芝麻、莴苣、豌豆、鸡蛋等。

钙的来源主要是：鱼类、贝类、虾、蟹等。

含磷多的食品有：玉米、粗面粉、黄豆、黄豆芽、核桃仁、花生米、奶、蛋、鱼和鸡汤、骨汤。

镁能使你保持良好的记忆力，镁是构成叶绿素的成分，所以绿色的蔬菜、小麦和巧克力都能提供镁元素。

大脑所需的谷氨酸，被人称之为"智慧酸"，主要从鲜奶、鲜肝、啤酒酵母里获得补充。

给大脑补充营养不能杂乱无章地乱补，需要遵循均衡饮食、定量饮食的科学原则，只有这样，才能保持大脑能量充足，否则，可能会导致暴饮暴食、吃撑吃腻。尤其是对于家长来说，每逢大考，许多家长总要买些补品来补孩子的大脑，大鱼大肉、山珍海味。不少家长担心自家孩子营养不足，变尽花样，

遍求良方，佳肴美味供应不绝。结果是孩子不但吸收不好，导致腹泻、不舒服、食欲不振，还会因为吃得过多、过杂，增加胃肠道血流供应，而使脑内供血供氧相对减少，最终导致大脑迟钝，思维不敏捷。合理饮食对于中学生是十分重要的。

（1）一日三餐，吃饱吃好

一般观点认为："早吃好，午吃饱，晚吃少。"至于"晚吃少"，有些同学由于晚饭吃得较早而睡得较晚，晚间学习负担过重，所以"晚吃少"做不到。这可以根据自己的实际情况和习惯灵活掌握。

好多同学早餐吃不好，或者干脆不吃。这对身体损害很大，也不利于提高学习效率。大家知道，我们的主要课程大多集中在上午，上午大脑的工作量占全天的50%左右。因此，早餐对于同学们特别重要。如果不吃早餐或者早餐质量不好，整个上午同学们体内的血糖水平就很低。前面提到，大脑工作能量主要来源于食物，主要通过消化后转化为血糖供给大脑。正常情况下，人的血糖维持在一定的水平上，从而维持大脑的正常工作。由于不吃早餐，人体所需的食物得不到及时补充，就会产生饥饿感。由于缺乏能量，大脑的兴奋程度降低，这时反应迟钝，注意力不集中，思维能力下降，甚至头昏眼花，大大降低了学习效率。那些不吃早餐的同学到了上午第三、四节课时，饿得厉害，学不下去。即使勉强学下去，效率也不高。

有些同学经常不吃早餐，成了习惯，虽然没有感觉到影响学习，但是大脑工作效率已经降低了，只是你没有意识到罢了。养成吃好早餐的良好习惯，有助于提高学习效率。

（2）营养全面，不挑不择

有些同学吃饭很挑剔，加上复习期间学习压力大，心情不好，对饭菜挑剔得更厉害。这种状况应当及时改变。

一日三餐，营养要全面丰富，并非要求总吃大鱼大肉。学习期间的饮食要多吃富含蛋白质、维生素的食品，如豆制品、鸡蛋、瘦肉、牛奶、鱼虾、新鲜蔬菜、水果……总之食品尽量多样化。主食以谷物为主，易于消化。大脑和身体各部分都需要这些营养。

这里特别强调，要适当多吃一些蔬菜和奶制品。因为有些同学有偏食习惯，不愿吃蔬菜。要知道，你所需要的营养就在它们之中。还有些同学喝牛奶闹肚子，可以改喝酸奶。这都是不好的。总之，不挑不择，保证营养全面。

（3）依靠饮食，不靠补品

考前许多商家瞄准了应考的同学，大肆宣传各种补品的作用，宣传补品如何能补脑，增强记忆力。果真有这么大的作用吗？从已经考上北大、清华的许多同学来看，他们不相信补品的作用，很多人都认为主要依靠平时的饮食。迎考期间，家长们出于关心，给我们买各种补品。如果自己不愿吃，就实事求是地告诉父母，免得浪费。对于大多数同学来说，吃好一日三餐，完全可以满足学习期间营养的需要。

学习任务重为什么还要加强体育锻炼

"身体是革命的本钱。"对我们中学生来说，身体也是学习的本钱。但遗憾的是，这一点却一直不大受到老师或者家长的重视，甚至于学生自己也不重视。

不管是心理活动还是肢体活动，它们都必须建立在身体基础上。在原始的学习生活中，学生长期都钻在"死记硬背"和"题海战术"的圈套之中，大量的时间都花在了背书和做题上，用于体育锻炼和休息的时间少得可怜。很多学生出现头昏脑涨、失眠、体虚等症状，而大量的学生更是不同程度地患上了神经衰弱。这不仅影响了他们的学习活动，更影响了他们今后的生活。

身体素质并不是每天吃两个鸡蛋，早晚喝两杯牛奶，或者再喝两瓶保健品就能提高的。要想提高我们的身体素质，增强我们的肌体活力，让我们有更好的身体基础支撑学习的需要，必须有一定量的体育锻炼。可是，我们有的学生唯一的体育锻炼便是每天上下学蹬自行车。

其实，有了好的身体素质，原本我们需要6小时才能完成的课文理解有可

能3小时便可以完成，原本连续学习2小时就累了，现在可以连续学习3小时都不觉疲倦。对体育锻炼价值的认识，实际上是我们对时间运用价值的认识。

加强体育锻炼对身体健康非常重要，锻炼能使骨头长得粗壮、坚固，个子长得高长得快；锻炼能增强心脏功能，使心脏收缩有力，促进血液循环，加快呼吸，增强肺功能，使人健康、精神；锻炼能提高运动能力，使人浑身充满活力，走路都觉得轻松。体育锻炼要有科学方法，要持之以恒，时间长了，才会见效，不要三天打鱼，两天晒网，不愿意了就停止锻炼，这样是没有效果的；锻炼还要循序渐进，从小运动量开始，逐渐加大运动量；锻炼项目要全面，如跑步、打球、爬山、游泳、体操等，使身体各部位都得到锻炼。在校内，我们要认真上好体育课，积极参加课外兴趣小组活动；在校外，也要适当地参加一些有益的文化体育活动，这才有利于我们的身心健康。

要想有健康的身体，就要坚持体育锻炼。毛泽东同志给我们做出了一个很好的榜样。毛泽东于1913年考入长沙第一师范学校。他不仅刻苦读书，还有意识地锻炼身体，培养坚韧不拔的意志。冷水浴就是他经常采用的锻炼手段，不论春夏秋冬，他的冷水浴从不间断。毛泽东经常去湘江游泳，或者爬山，这样不仅增强了耐寒力，还增强了意志力，为他以后领导红军二万五千里长征打下了体质上的基础。古稀之年，他还畅游了长江。强健的体魄，坚强的意志，使毛泽东能担当起领导中国革命的重担。

积极参加体育锻炼可以增强体质，减少疾病对身体的侵害，保持身体的健康，对保持人的思维敏捷、提高学习效率有极大的好处。

"一张一弛，文武之道。"紧张的学习很容易使人的神经疲劳。再加上心理上的压力，可能有的同学会感到全身无力，什么事也不想干。的确，人的生理周期决定了人既有精力亢奋期，也有随之而来的低潮期，但是科学研究也表明，这种低潮期可通过一些方法使之推迟、缩短，甚至防止出现。体育锻炼就是很好的方法。有些学校盲目追求升学率，为了让学生专心学习，把所有的体育课都分给各科老师，并且禁止学生进行他们喜爱的运动，如打篮球、踢足球等，还误导学生说"搞这些运动分散精力，不易进入状态"。其实，这是很不科学的做法，是荒谬的。在高度紧张的学习之后进行锻炼，是对神经最好的调节，是大脑最好的休息，适度的锻炼后再去学习，学习效率会提高很多。另外，整天埋头于无穷无尽的题海中，身体也会吃不消，对病菌的抵抗能力会降低，一旦得病，会影响自己的情绪和复习进度，因此体育锻炼也是增强体质的必然要求。

学习中，同学们都有这样的体会：身体健康、精力充沛的同学上课时易于专心致志；相反，身体虚弱、病痛缠身的同学，课堂上就很难集中精力。因此，同学们平时应多参加体育活动，使自己有一个强健的体魄。一些同学认为，学习十分紧张，参加体育活动浪费时间，这种想法是错误的。因为从事体育锻炼不仅锻炼了身体，而且也锻炼了大脑，而强健的体魄和聪慧的头脑，是听课学习不可或缺的条件，正所谓"磨刀不误砍柴工"。

我们的学习道路像我们的生命历程一样，是漫长、曲折的，其间必有困难、挫折、坎坷，也可能会遇到这样或那样的不幸，这就需要我们具有高度的吃苦精神和扎实的身体底子。而要想使自己身体好，最好的办法就是加强体育锻炼，只有锻炼才能提高我们的身体素质。生命在于运动，我们也应该坚持经常性的体育运动。人经常锻炼身体，就可以在不停的运动中抵抗细菌和其他病毒的侵扰。这样，身体就能保持一种健康的状态。健康的身体和旺盛的精力是我们学习高效率的保证。

睡眠好学习才能好

科学家认为，睡眠能使人的精力得到恢复和补充，能清除神经系统内积累的杂质和毒素。充足的睡眠使人精力充沛，头脑清醒，思维敏捷，智力活跃。另外，睡眠还有一个神奇的作用就是：睡眠可以帮助我们整理所学知识。因此，我们完全可以说，睡眠是一种主动的生理过程，是每个人都无法避免的，更是每个人都应该遵守的。

尽管人人皆有睡眠，但从量的角度来衡量，人与人之间的睡眠也存在着

明显的差异，即便是同一个人，不同人生阶段对睡眠的要求也不尽相同，呈现出一条逐渐递减的下降线。新生儿每天的睡眠时间在15小时以上，成人一昼夜约有1/3的时间用在睡眠上。

另有研究也表明，睡眠与记忆功能有着密切的关系。人和动物的实验证明，睡眠影响短时记忆向长时记忆的转化，也影响记忆的保持。实验还证明，学习之后的睡眠将对记忆产生良好的影响，有着重要的作用。所以，我们在学习活动之后，很好地睡眠，是促进学习、提高学习效果的必要条件。在日常生活中，有人认为，睡眠把学过的东西都给忘了，只有用过量时间学习，用尽可能少量的时间睡眠，才能增加学习效果，其实这是一种错误的认识。

关于睡眠的作用，有些人就是不信，于是闹出了不少笑话。比如，曾经有一位"聪明"的生物学家不相信睡眠的重要性，他认为睡眠只是人类的一种坏习惯，睡多睡少关系不大，他自愿作为剥夺睡眠的研究对象，让他的学生监视，不准他睡眠。240小时（不睡眠，但有闭目养神的时候）以后，经检查，虽然身体方面影响不大，然而精神方面却发生了显著变化。他的注意力很难集中，情绪焦躁不安，整个人都像大病一场后的样子。

科学家进一步强调，对于人来说，已经学过的东西，必须通过睡眠阶段，使之不断进行组织安排，才能使知识化为己有，也才能使新知识与旧知识结合起来，成为巩固的长时记忆。

睡眠对于中学生的身体健康有着至关重要的作用，因此，掌握睡眠艺术是非常重要的。

（1）严守生活节律，按时作息

一般人的睡眠时间是有规律的，大多数人是晚上10点左右上床，容易进入梦乡，早上6点左右醒来。如果打乱了人体生物钟的规律，过早或过晚上床，均会难以入睡；过晚或过早起床，也会表现出倦怠感。非万不得已，不要破例。这样能更经济、更有效地利用休息时间。在假期中更要注意。有的同学认为假期可以随随便便，何时起床、何时睡觉完全凭兴趣，这样会给健康与学习都带来不良影响。另外，休息时间应是你生物节律的"低潮时间"。

（2）休息要放松心情

"劳"时要认真，集中精力，"逸"时也要痛痛快快。尽管许多人休息的时间相等，但效果却大不一样，是由于对待休息的态度不同。睡觉时要保持轻松愉快的心情，不要胡思乱想。失眠往往是由于心绪不宁，睡前过于激动，心事重重等引起的。因此，古人有"睡方"之说，"早晚以时，先睡心，后睡目"，"能息心，自瞑目"。现代的睡方就是讲究心理训练，根除操心之事，有事明天再说，自可安然入睡。

（3）创造良好的睡眠环境

研究表明，在睡眠中，人的器官对外界的信息仍有接收能力，要使这些器官得到休息，就应在空气、温度、光线、声音、卧具等方面予以注意。空气应新鲜，温度以20℃～23℃最佳。睡前室内不应有过强的灯光，入睡时熄灯为好，白天睡觉应拉上窗帘，应尽量避免噪声干扰。

（4）做好准备工作

要想有一个好的睡眠，准备工作很重要。睡前在新鲜的空气里散散步或做些轻微的活动，能使大脑里过多的血液运至全身，从而使思想宁静、全身松爽。

睡前不要饮用刺激性东西（如咖啡、浓茶等），不要吃得太饱，也不要从事剧烈的运动或看惊险小说，更不要在临睡前进行过分兴奋的谈话或讨论。这些都能引起大脑过度兴奋，影响睡眠质量。

（5）适可而止，调剂得当

只有适可而止，才能真正达到消除疲劳、养精蓄锐又节省时间的目的。大量研究证明，睡眠是不能储存的，一个人前一天不管睡多久，第二天照样要睡。因此睡够了就可以，超时睡眠，不仅浪费时间，还会使人无精打采，更加倦怠，降低办事效率。但是，长期睡眠不足也会导致多种疾病，首先表现为食欲不振、反应迟钝，严重的可导致精神疾病。

此外，午觉也不可忽视。不少勤奋的人均有午睡的习惯，他们一般只是打个盹，或在沙发、躺椅等处休息片刻，即可精力充沛地投入学习或工作。

第十一章
克服学习中的障碍

如何防止学习疲劳

目前，中学生学习疲劳是比较普遍的现象。学习疲劳是在连续学习之后出现的一种生理、心理异常状态，其表现是：轻者在每天下午上课期间感到最疲劳，稍重者在清晨起床时或晚上复习功课时也会感到疲劳，重者则一整天都感到疲惫不堪。在出现学习疲劳后，睡眠、体重、饭量以及身体状况等方面都会发生若干变化。主要表现为入睡迟，多梦，睡着后会抽筋，早醒，睡得不深，容易惊醒；体重减轻；饭量减少，胃口不好，吃不下饭；抵抗力下降，容易患病等。

学习疲劳是人在连续紧张学习一段时间后自然发生的肌体体能衰退的现象，是为了避免肌体过于衰竭，防止能量过度消耗的一种保护性反应。学习疲劳发生初期，患者只感到想睡觉或休息，认知能力略有下降。如果持续下去，疲劳就会蔓延到全身，使人感到浑身不舒服，周身疲乏，精神恍惚，认知能力严重降低。下一步就会感到注意力分散，心理、生理机能降低，全身免疫力下降，发展为全身性疲劳。

学习疲劳是生理疲劳和心理疲劳的混合物，其本质是大脑皮层细胞的疲劳。在疲劳发生和发展过程中，随着学习活动的持续进行，大脑皮层细胞的兴奋与抑制、消耗与补偿的平衡遭到某种程度的破坏，就会产生自我保护性反应，产生疲劳的感觉和表现。这实际上是一种需要暂停学习，进行调节休息的警告信号。

学习疲劳最易在紧张迎考时发生，为了取得更好的成绩，同学们往往减少文体活动，减少睡眠，最终导致不同程度的学习疲劳。究其原因主要在于：一是休息时间不足，如晚上"开夜车"，午觉不睡，使一天的睡眠时间不足8小时，在连续学习的过程中未能交替休息或活动休息，加重了学习疲劳；二是

学习内容过多过难，占用了自己的休息时间，超过了自己的能力限度，影响了学习情绪，加速了学习疲劳的形成，使学习难以持久；三是心理压力过大，负面影响加重，致使学习效率不高，直接影响学习效果，形成一种不良循环，造成学习疲劳进一步加剧。

怎样才能有效地防止学习疲劳的发生呢？最根本的方法就是学会休息。

学习疲劳的产生，很重要的一个原因是休息时间不足。通过休息可使疲劳得到消除，因为身体活动所消耗的物质在休息过程中由平缓的呼吸和营养吸收得到补充。关于休息与疲劳产生、恢复精力的时间关系，日本心理学家田中宽一研究提出，如果作业时间以算术级数增加，则恢复精力所需要的时间以几何级数增加。如做 1 小时作业需5分钟休息，则做2小时作业需25分钟休息。这里所讲的休息，并不单指躺在床上睡觉，还有一些其他的形式。学会休息是预防学习疲劳最有效的方法。有专家介绍了以下几种休息方法：一是安静休息。安静休息又称消极休息，即睡眠和闭目养神。睡眠是最基本、最重要的而且是不可取代的休息。因为睡眠时，体内各器官的代谢活动降低，大脑皮层由兴奋转为抑制，耗氧减少，有利于血液内养料、氧气的自我补偿，以积聚精力，这既可保护神经细胞，避免过度疲劳，又能促进神经细胞功能的恢复。

睡眠作为有机体的一种保护性机能，它不但能消除一天的疲劳，保证高级神经系统的正常功能，而且也是青少年身心发育的条件。睡眠时间的长短因个人的体质、习惯、学习的性质、气候的不同而有所差异，一般14岁的人需9.5小时左右，18岁的人需8.5小时左右。

二是活动休息。活动休息又称积极休息，如散步、打球、从事轻微的体力劳动等，也可与几个同学一起讲一些幽默的故事或笑话。

三是交替休息。如把文科、理科穿插起来学习，则大脑皮层的神经细胞不仅不会疲劳，而且有相互促进的作用。

还有专家推荐了一套疲劳防治操。这种疲劳防治操，针对同学们平时在学习过程中普遍采用坐姿，身体经常处于前倾姿势而形成呼吸表浅、肺活量减少，以致物质代谢功能下降，最终造成疲劳的实际状况，有的放矢地设计了一组操练动作，其具体做法如下：

坐着时做些挺胸直背的动作，同时用手臂绕圈按摩腰部；

体后屈，伸腿、臂，伸直用力摆几次；

慢慢地做几次头向左右、前后弯曲或绕圈的动作，然后用推摩法轻轻地按摩颈肌、肩胛肌；

深吸气，然后慢慢地呼气；

两臂下垂，做几组手的动作，松紧手指，两手腕放松抖动等；

变换坐姿，背靠椅背，移动椅子，再次变换坐姿。

离开座位，在室内或室外走一走。

一般情况下，按照上述要领去做，多数人可在较短时间内缓解甚至消除疲劳，建议同学们不妨试一试。

学习成绩差怎么办

一个人学习成绩好与坏，原因是多方面的。细分析起来，成绩不好的原因主要有以下几个方面：一是学习目的不明确，甚至不知道自己将来想干什么，有的同学说自己还没有想过。正是因为这些人的未来理想、目标不明确，所以学习劲头不足，学习成绩不好。二是有些学生因为生活条件优越，学习没压力，缺乏竞争意识、紧迫感，在学习过程中表现松懈、懒惰，因此学习成绩落后。三是一些学习差的学生的最大缺点是自己控制不住，随意性较大。在课堂上听一会儿课思想就溜号了，有时玩起来就忘了学习。他们缺乏奋发进取的精神，尤其是缺乏荣辱观和责任感。同样的老师教，别人都能取得优异成绩，而自己学习成绩落后，也不着急、不上火。四是有的学生因为家庭教育方法不当或管理不严，受社会上不良风气影响，有厌学心理。

此外，还有的同学认为自己的头脑笨。其实人脑的发育受遗传、环境、教育影响，可能有差别，但这个差别不是学习好坏的决定因素。人们一直说："聪明在于学习，天才在于勤奋。"聪明和天才不是天生的，是靠自己勤奋、

刻苦学习获得的。一个人只要持之以恒，肯下功夫，有愚公移山的精神，就一定能取得优异的学习成绩。相反，如果只知道吃、喝、玩、乐，不动脑，不动手，不会的问题又不问，在学习过程中没有严格的自我调控，怎么能取得优异的学习成绩呢？

爱迪生被世人誉为"发明大王"，他一生为人类提供了大约2000项的大小发明。他只受过三个月的小学教育，他的学问都是靠顽强自学得来的。他对人类能做出如此巨大的贡献，其秘诀就是"勤奋"加"恒心"。他说："倘若一个人过去没有成绩，不足以表扬自己，那么请他埋头工作，不要多开尊口。"爱迪生常常废寝忘食、夜以继日地工作，实在疲倦了，就在实验室里用书籍当枕头打个盹儿。他在79岁生日时风趣地说："我已经是135岁的人了。"因为他每天工作10多个小时，若用正常人每天工作8小时来计算，那么他79岁时已经做了正常人135年的工作。他不但勤奋，而且不怕挫折，持之以恒。为了发明新型蓄电池，他从1900年开始不断地进行实验，以后继续顽强攻关，直到1909年才制造出理想的蓄电池。他发明了电灯，为了寻求灯泡内的耐热材料，先后使用了大约6000种纤维材料，前后花了近20年的时间。人们都说他是一个天才，而他却说："天才是百分之一的灵感加百分之九十九的汗水。"因此，那些学习成绩较差的同学，不要以为自己就是头脑笨，只要像爱迪生那样勤奋、刻苦钻研，就能取得优异的学习成绩。

学习差的同学要进行自我分析，正确地认识自我、评价自我。虽然别人说你"不是学习那块料"，但是你自己应该好好想一想，到底差在什么地方。要争口气，要有骨气，不能任凭别人指责。个人的生活道路是靠自己拼搏、奋斗闯出来的，不能听别人说闲话，自己就失去了信心。在生活实践中要发挥自己的兴趣、爱好和特长，并以此去建立自己美好的未来。

生物学家达尔文的父亲是个医生，他想把儿子培养成医生，因此先把达尔文送往爱丁堡大学学医。但是，达尔文的兴趣是研究生物，他自小就喜欢虫、鸟、花、草，搜集各种动植物标本。父亲见他不是当医生的料，转而又叫他进剑桥大学神学院，想把他培养成一个牧师。在神学院的三年里，他仍把主要精力放在生物学方面，经常去听一位亨斯罗教授的植物学课。1831年12月，达尔文在亨斯罗教授的推荐下，作为一名没有薪金的生物学家登上贝格尔号军舰，开始了长达五年的环球航行。他历经艰辛，采集了成千上万种动植物标本和各种古生物化石标本。经过大量的考察和研究，发现了物种的进化与遗传规律，为了撰写《物种起源》花去了他整整20多个春秋，最后成为英国著名生物学家、进化论的奠基人，世界著名的、伟大的生物学家。

学习差的学生要真想赶上去，首先要有一个紧迫感，根据各学科中存在的问题，制订一个学习计划。要有坚定的信心，只要别人能做到的，你也能！树立顽强的学习意志。要提高学习成绩，必须迎着困难上。越是不会的问题，越是要狠抠到底。一两次记不住的，反复记它五六次……直到记住为止。"书山有路勤为径。"其实，提高学习成绩最简捷的办法就是问。不懂就学，不会就问，直到把难题弄个水落石出为止。另外，在课堂上要专心听讲，积极争取发言，主动回答老师的问题。在课后，除了完成作业、复习好学过的课程以外，还要主动做好各个学科的课前预习。

偏科怎么办

偏科的现象在中学生的学习中并不少见，大多数人多多少少都有偏科的倾向，只是程度不同而已。偏科的出现并不奇怪，因为老师讲课的好坏不同、学生擅长的思维方式不同，直接关系到学生对这门课的喜好；而喜好直接关系到学生在该科上的用功程度，影响到考试成绩的高低，考试成绩的高低又直接影响到他对该科的兴趣。不太明显的偏科现象我们可视为正常，因为有了一两门优势科目，可以拉开不少分，取长补短也不失为一个好方法，但前提是其他科也不差。

其实，弱科的提升空间很大。举例来说，倘若你的语文是强科，你每次能考130分，那么你提升的空间有多大呢？充其量就是几分，因为每年高考当中，语文能够拿到140分的同学少之又少。但是倘若你的数学只有100分，那么

你的提升空间就有30~40分，提升的空间很大。因此，在备考中，考生如果在保持强科的同时，下大力气补习弱科，那效果一定会非常显著。

补习弱科，说起来简单，但做起来十分不容易，因为考生在较弱科目上的基础较为薄弱，补上去不但需要下大功夫，还要掌握一定的技巧。那么，补习弱科究竟该注意哪些问题呢？最为行之有效的方法是什么呢？下面给出的五大注意事项建议同学们多加留意。

（1）制订一个计划

要给自己制订一个计划，每天安排一个重点学习的项目，这个重点学习的项目一定是自己不懂的或者是弱科，这样每天攻克一点点，在确保强科继续保持优势的基础上，把弱科也抓紧时间补上来。这样就能够大大提高总体成绩。

（2）调整学习方法

不仅文理科的学习方法不同，各个学科的学习方法也都有其独特之处。在这个问题上需要你认真思考，你是不是拿一种学习方法去应对所有的科目？哪些方法是连你自己都觉得有问题的？比如，学数学时你如果也像学英语那样通过死记硬背各类题型的答题方法来应对各种大小考试，那恐怕是不能奏效的。你应该积极地与老师和同学沟通。请他们帮助你一起把适合自己的学习方法找到，快速调整自己的学习状态。

（3）确定目标

计划着在几天时间内让自己的弱科变成强科是不可能的。学习是一个循序渐进的过程，要一步步地实现小目标，逐渐向大目标迈进。同时也不要给自己确定太高的目标，要知道，弱科毕竟是弱科，想要让弱科一下提升几十分是不现实的。因此，要脚踏实地地稳步提高，不要幻想着成绩突飞猛进，否则一旦目标没有实现就会迅速失去信心，使弱科变得更弱。

（4）多做专项练习

如果你有薄弱学科，那就应该加大这门学科的练习，多做题能够使自己开阔视野，掌握解题规律，拓展思维方向。倘若你有某一学科的薄弱项目，那就应该加大对这个项目的专项练习，从而使得学科的整体成绩都有比较明显的提高。

（5）经常进行总结

在复习过程中，进行经常性的总结是十分必要的。总结可以使自己明确目前仍然没有解决的问题，做到心中有数。要尽量想出解决办法，然后在后面的时间里抓紧时间去弥补，尽可能地增强自己的执行力，把成绩提高上去。

怎样提高背诵的能力

背诵是学习的一项基本功，不仅文科学习中有背诵，理科的学习也或多或少地需要背诵，只不过文科中背诵的任务更多一些。

背诵，不是那种"死读书"。死读书不可取，然而在理解的基础上背诵却是一种"储蓄式"的积累，就像蜜蜂为酿蜜采集千千万万朵鲜花，虽一时见小、见少，但却会聚沙成塔。因此，背诵是同学们积累知识、掌握技能的重要方法和手段之一，也是形成并不断增强记忆能力的一种可靠途径。就拿语文学习中的背诵来说吧，通过背诵，可以进一步揣摩、品味文章所表达的思想感情，领会要义，贯通文脉，丰富词汇，开阔思路，从而提高阅读理解水平和写作运用能力。要将一篇课文既快又好地背下来，一定要遵循认知心理学的记忆规律，尤其要注重以下几点。

（1）理解和识记相结合

就一篇文章而言，必须了解它的中心思想和写作特点，记住段落大意和发展线索，记住过渡段落和关键句子，以及段落中的层次、句与句之间的关系。脑子里有了这些信息，你在背诵的时候，它们就会帮助你再现、补充、追忆、连缀课文中的句子和段落。对于中学生而言，理解一篇文章往往会出现各种各样的困难，所以，语文老师总要花一定的力气分析讲解课文，帮助大家消化理解。因此，课堂上认真听、记、想，实际上就是为顺利地背诵课文打好基础。这就是人们所提倡的理解式记忆。

（2）读忆相结合

有人在考察了识记方法与识记效果的相互关系后认为：读忆结合记忆效果较佳。在一部作品中有这样一段情节：著名数学家陈景润的邻居发现，每天晚上，陈景润房间里的灯总是亮一阵，熄一阵，再亮一阵，再熄一阵……感到很奇怪。一打听，原来是陈景润在背书，他开灯读一遍，熄灯背一遍，开开熄熄，读读背背，交替进行。这样一种学习方法，与陈景润的成功恐怕不无关系。为什么读忆结合效果好呢？因为回忆需要大脑更积极地活动，而且把注意力集中在未解决的内容上。例如，记100个词，阅读一遍后，就可能回忆出30个了，那么通过回忆后再次阅读，注意力就集中在那些没记下的70个词上。每次阅读后紧接着回忆，难点越来越少，又十分明确，利于大脑识记。而单纯的朗读是在每个词上平均使用力量，不利于对学习材料的加工接收，所以识记慢，保持也差。因此，学习活动不应只是对学习内容的反复阅读，而应是阅读与回忆的相互结合：在一开始时就试图记住材料，读第一遍后就回忆，回忆不起来再阅读。

有的同学背书，往往习惯于捧着书本摇头晃脑地高声朗读，一读到底，几次下来，声嘶力竭；有的则喜欢边读边背，边背边想，逐段推进。曾有心理学家做过实验，结果表明，用后一种方法，既可以节省背诵时间，又容易记住课文。这就是说，要想又快又好地背诵一篇文章，一定要把反复阅读和试图回忆（或称尝试背诵）结合起来。有人总结了这样做的三大优点：其一，边读边背，逐步推进，每一步任务明确，目标具体，因而易于实现；其二，边读边背，一步一个脚印，能够及时发现背诵的障碍，利于全力攻关，这样可以节省时间和精力；其三，边读边背，"根据地"不断扩展，收获的范围逐渐扩大，使你的信心越来越足。

学习实践中，很多同学都采用了上述"两个结合"的背诵方法，收效既快又好。

（3）眼到、口到、心到"三结合"

少年时代的鲁迅在"三味书屋"读书时，曾经制作了一张小巧玲珑、精致美观的书签，上面写着，"读书三到：心到、口到、眼到"。在这里，"眼到"是指看，看准了再读，不可误一个字，不可少一个字，不可多一个字，不可颠倒一个词，总之要一字不差；"口到"是指读，要大声朗读，做到字字响亮，句句清晰，语言流畅；"心到"是指边看、边读、边想，琢磨文章的思想内容和篇章结构。如果同学们在背书时真正做到这"三到"，不仅可以加深记忆，也有助于深入理解课文。

第十二章
三大主科的学习技巧

语文学习是一个积累的过程

语文知识的特点明显表现为零星、分散，呈各自独立的无序化状态。因此，掩盖了语文知识系统性、知识点紧密联系的特点，造成同学们在学习中摸不清语文的系统性而盲目听课、被动做题的现象，以至于有些同学，中学毕业以后都不知道语文学了些什么东西。凡是有机的系统性学科，基础是最重要的，语文也一样。要学好语文，必须从字、词、短语、句的基础知识抓起，否则，做题再多也未必见效。

在2007年中考中，取得147分语文单科好成绩的某同学，在谈到语文学习的心得时说："语文的学习，用一个成语来说，就是细水长流。语言的学习关键在于应用，只要你足够留心，其实语文的学习完全可以贯穿于生活中。像我们现在的社会，资讯很发达，我们平时大部分的时间在与文字打交道。我从小就有意识地注意语文知识的积累，比如我们在读报纸、看杂志、看某些文章的时候，都可以有意识地把一些自己认为好的句子、词语或者有意思的人物事迹记录下来，可以用笔做文字记录，也可以把它们记在脑子里。如果我们能够常常留心，随时积累，对我们的语文水平是大有帮助的。"

"积土成山，风雨兴焉；积水成渊，蛟龙生焉。"知识必须积累，语文尤其如此。语言积累是提高语文能力的基础。有的人之所以能出口成章、下笔成文，就是因为语言积累丰富。

第一个积累的途径是看书读报。只要你肯钻进书的海洋游历一番，经过一段时间后，你就会发现曾经结结巴巴的你居然能出口成章了。博览群书确实能快捷有效地积累知识，能在潜移默化中提高阅读能力和语言的综合运用能力。一般来说，阅读量增加了，语文水平自然也就提高了。

第二个积累的途径是熟读背诵。汉语词汇丰富，运用灵活，要使自己对语言的运用不假思索、得心应手，必须对语言文字进行千百次的重复，才能使

其规律、含义、韵味等在头脑中固定下来，使大脑皮层的细胞之间，形成牢固的联系系统。熟读和背诵便是完成语言强化的必由之路。

第三个积累的途径是增加作文密度，从写作中积累语言。熟读背诵是通过语言的输入增加大脑皮层的语言信息，作文训练则是调动大脑中的语言信息来激发大脑皮层细胞之间的信息回忆、交流、筛选，从而达到巩固、运用语言的目的，因此，作文是更高层次的积累语言。要使大脑内语言信息系统灵活自如地运转，必须加大语言周转的密度。有识之士认为，目前中学生作文水平每况愈下，这并非危言耸听。要扭转这一局面，加大作文的密度是其方法之一。

掌握语文字词的诀窍

字词是语文的砖瓦，不掌握相当数量的字词，语文没办法学好。怎样掌握字词呢？有四个原则：一是多见面，二是留心记，三是字不离词、词不离句，四是在使用中学习。

（1）多见面

掌握字词和认识人一样，多见面就熟了，这道理看来十分简单，做起来却需要坚持。但是多见面也有两种情况：一种是在同一篇文章中多见几次；另一种是在不同的文章中见到同一个词。这两种情况哪一种效果好呢？后一种更好。我们认识人也是这样，一个生人，只要见他一面，盯着看他十分钟，当然可能把他记住。但若在不同的场合见过他五次，每次只打两分钟交道，同样用了十分钟，你的印象会更深。所以要掌握字词，首先得扩大阅读量，读的文章多了，掌握的字词就会多起来。

（2）留心记

看到的事物，如果不留心，见许多遍也记不住。比如被问起："你们班有几个窗子？"恐怕有同学回答不上来。这是每天都看见的，为什么记不住？因为没留心。有时甚至某个课本的封面是什么图案也说不准，这也不是因为见的次数少，而是没留心。成语"熟视无睹"说的就是这种情况。因此，如果没有学习意识，没有留心字词的习惯，那看多少书也不行。

真有这样的同学，看了一大堆小说，结果只是大概了解了故事情节，什么词也没学到，什么字也没记住，有的甚至连书中主要人物的名字也会读错。因此有人主张读书遇到不认识的字必须及时查字典或问人，这是有道理的。不过在读课外书时，若不时停下来查字典，会打断情节，很扫兴，所以还有一个办法就是，先马虎过去，但要有意识地留心一下，等时间比较充裕时再去查字典。总之，早查晚查，总要查一查，不可放过。

（3）字不离词，词不离句

有的老师喜欢把字词从文章中分离出来，反复练习，认为这样单项练习，内容集中，容易奏效。这当然也是一种方法，但更好的方法是把字词放在语句中注音和解释，与其单记在本上，不如记在书上，记在这个词的旁边。一个字在不同的语言环境中可能读不同的音，即使读音不改，也有是否重音的区别。词就变化更多了，同一个词在不同语言环境中会变换许多色彩，有的褒义词甚至会变成贬义词。因此死记硬背是没有什么大用处的。学语文学的是语感。如果只需记住字词的死解释，那还何必学课文，去背字典不就行了吗？

所以记住字词的最好方法不是背注释，而是在理解的基础上，去读课文，在文中记住它们。也就是说，看见一个字就能想起一些词，看见一个词就能想起一两个句子，这才算掌握了。

（4）在使用中学习

认识的字词不一定敢用，因为没把握。可是用过的词，一般会明白，而且用完后就更明白了。也就是说，只有会用的字词才算真正属于自己。所以应该大胆使用新学的词汇。

所谓使用，主要指说和写，特别是用在作文中。有的同学写作文，凡是稍微有点含糊没把握的词都不敢用，于是就总是说一些平板陈旧的话。即便写错字和用错词会受到老师或父母的批评甚至讽刺，也不要只图保险，不敢用新词，批评可以加深对这个字词的认识，避免以后发生同样的错误，这有什么不好呢？只有敢于用新词，才能丰富自己的词汇。

怎样阅读文言文

现在学生看书少，看古书更少，因而文言文阅读能力普遍较差。不少学生拿到一篇古文，觉得满篇皆生，不知所云。为此，一位老师特地总结了文言文五步阅读法。这五步依次是：

（1）预读

其主要目标是：读准字音，准确停顿，把握节奏；了解有关作家、作品常识；从整体上大体把握文章的基本内容。具体做法是：第一，查阅工具书，结合注释给生字生词注音；第二，清楚准确地朗读课文；第三，结合课文注释和语文工具书，了解有关作家、作品常识；第四，结合预习提示或自读提示从整体上理解课文；第五，通过解题和通读全文把握文章的基本内容和文体特征。

（2）抄读

其主要目标是：熟悉课文，自学存疑，明确学习的重点和难点。具体做法是：勾画并抄写课文中的生字生词、名言警句，勾画并抄写课文中的难句，记录在阅读课文时产生的疑难问题，阅读并摘抄（或做提要、目录）与课文相关的辅助材料，结合单元学习的提要、课文预习提示、思考和练习确定学习的重点和难点。

（3）解读

其主要目标是：通过语言分析，具体地感知课文内容，把握文章表现出来的作者的观点、态度或思想倾向。具体做法是：结合语境，从句子结构和上下文去深入理解疑难词语和句子的含义；利用古汉语常识具体分析文中特殊的语言现象，准确地把握文章；翻译（可以是口头的也可以是书面的）课文或课文片断，以求深入地从整体上把握文章；课堂专题讨论，落实重点难点，分析解答课后"思考和练习"中的语言训练题；查阅文献资料，就重要的实词、虚词和语法撰写语言小论文，以巩固所学知识，强化能力训练。

（4）品读

其主要目标是：就思想内容、章法结构、表现技法、语言艺术、艺术风格等方面对文章进行文学和美学的鉴赏性阅读及评价。具体做法是：从文体特征出发，总体上把握文章作为一种"类型"的基本特征；比较阅读，从内容和形式方面对文章的具体特征和作者的艺术个性进行分析；课堂专题讨论，研究重点难点，并分析解答课后"思考和练习"中的有关文章分析和鉴赏的练习；利用辅助阅读材料，把文章放在具体时代和历史发展中去进行宏观的分析，运用辩证的观点和历史的观点对课文进行客观的评价；写文艺评论，以加深对课文的审美理解，从而培养艺术鉴赏和艺术创造能力。

（5）诵读

其主要目标是：加深理解，强化记忆，丰富语言，积累材料，训练语感，培养素质。具体做法是：在理解的基础上反复朗读，力求熟读成诵；朗读品味，背诵名篇、名段和名句，准确记忆；扩展阅读，研读与文章相关的材料，扩大知识面，以求更为全面深刻地理解课文；整理学习笔记，编写学习小结，以突出重点难点；写读后感或思想评论，以求陶冶情操。

运用五步阅读法必须注意以下几点：

首先，要充分调动主观能动性。如果不激发学习兴趣，那么就没有主动性、积极性，这一科学的方法也就毫无价值了。

其次，要因文而异。不同的课文，难易程度不同，也有不同的特点，在运用五步阅读法时不必篇篇相同，步步到位，而是要灵活运用，力求行之有效。

最后，应以解读和品读为重点，同时也要因人而异，因文而异，各有侧重，可将解读和品读结合起来，但必须明确分析基本思路和策略，把握理解品析主要层次和角度。

怎样翻译文言文

翻译文言文是一项综合能力，既可以直接反映出文言文阅读能力水平的高低，又可检测现代汉语的运用能力的强弱。翻译文言文一般采用直译、意译相结合的方法。

（1）先反复通读，从整体上把握

拿到一篇文言文后，首先要从整体来把握它。在了解原文写作背景的前提下通读全文，掌握大意，然后再进行翻译。例如在翻译《活板》一文时，先通读全文，弄清活板制作过程，再进行逐字逐句翻译，这样不但省时，而且准确度较高。

（2）坚持以直译为主，意译为辅的原则

所谓直译，就是做到字字落实，且句子的结构不变。如在翻译"十年春，齐师伐我。公将战，曹刿请见"这句时，可根据字面意思、原文的结构，译为："（鲁庄公）十年的春天，齐国的军队进攻我国。鲁庄公将应战，曹刿请求谒见。"但一味强调直译，有的句子译出来不但不符合现代汉语的语言习惯，甚至还会闹出笑话来。如成语"胸有成竹"，若直译便成了"胸中有现成的竹子"，这样译反而把人搞糊涂了。在这种情况下，就要意译。所谓意译，就是在忠实原文意思的基础上，根据现代汉语的语言习惯，不拘泥于原文句式，可做必要的增补变通。例如翻译《桃花源记》一文，其中有"林尽水源，便得一山"，如果在翻译时，仍将"得"字作"获得"或"取得"解，那将成为笑柄，这时可用意译的方法做一些变通，将"得"字译为"出现"。这样就符合了现代汉语的语言习惯了。又如，在译"见渔人，乃大惊，问所从来"时，要将句中省略的主语、宾语增补进去，否则不但上下句子不够通顺，而且按照现代汉语的惯例，会出现"成分残缺"的毛病。此外，在翻译过程中，还可根据现代汉语的语言习惯，调换文言文句子中的词序，如将"甚矣，汝之不惠”，译为“你太不聪明了”。

综上所述，在翻译文言文时，在整体把握的前提下，要掌握直译、意译两种基本方法，译文既要忠于原文，又要文通句顺，合乎现代语言规范，读起来上口，听起来顺耳。但对于中学生来说，一定要特别强调直译为主，因为这样既有利于我们直接感受古汉语的特点，又做到译文准确而无遗漏。

怎样写好考场作文

考场作文不同于平时的作文训练，因为它既要求质量又要求速度。无论是中考还是高考以及任何一次考试，作文时间都是有限制的，这就给我们提出了新的要求。

考试需要的是“千里马”式的作文方法，也就说既要保质保量地完成，又要有速度，以免时间不够用、答不完题的情况发生。那么如何才能做到在限定时间内使作文这一部分内容完成得又快又好呢？这很大程度上就依赖于平时的训练，平时一定要有足够的作文训练。在进行一般训练的同时还要进行特别训练，前者练质量，后者练速度。

有些同学在考试的时候，面对自己看来比较陌生的作文题，脑子里会突然出现一片空白，平时的快速作文训练也起不到任何作用，这时候该怎么办？

首先不要慌。如果考场上心慌意乱，若再想写出一篇好文章来可就是一件相对比较困难的事情了。遇到这种情况，千万要镇定，可以深呼吸，把目光转向别处，暂时把思绪离开作文题，千万不要看别的同学，当其他人都正在专心致志地答题的时候，那种情景可能会增加你的紧张感。可暂且忘记自己是在考试，如果实在忘不掉，也要对自己进行心理暗示，告诉自己把考试尽量看得轻一些，哪怕它是决定一个人命运和前途的高考。这样的暗示可以对你起到一个安定的作用，以便平静下来以后更好地进行接下来的答题。

遇到紧急情况不要慌张，保持镇定，对自己充满信心，坚信自己能行。这样心绪就会慢慢地恢复平静，这时候就可以运用考场应急作文法了。

考场作文其实是有规律可循的，只要掌握了规律就可以迅速完成一篇质量不错的文章。在考场上属于学生范畴的作文无外乎有三类：一类是应用文，一类是记叙文，还有一类就是议论文。

（1）应用文

应用文一般都是有固定格式的，考试的考查重点也就在这里。比如书信，称谓要顶格，用冒号，正文错两格，最后要有祝愿的话。结尾是署名和日期，应用文一般情况下是以小作文形式出现的，对其中的内容要求不是特别严格，只要格式正确基本上就达到了要求。只要平心静气，按照要求一步步认真来写就可以了。应用文算是比较容易的创作，分数也相对好得一些。

（2）记叙文

只要是按照记叙文的六要素：时间、地点、环境、起因、经过和结果一步步认真地完成，一篇作文的框架就大致勾勒出来了，至于具体的内容相对就很容易加入其中。在考场上的作文切忌因没有思路而冥思苦想，迟迟不动笔。这除了会造成时间的紧迫外，更主要的会使你陷入心烦气躁的境地，更不利于作文的创作。所以没有具体的思路也不要紧，一边想一边随笔往下写，这样一是可以稳定你的情绪，二是有利于你的思考，随着思想的自然性，往往写着写着思路就渐渐明晰起来了，结果水到渠成，一篇文章就写好了。因为考试时间有限，你多想一分钟，时间就少一分钟，这样浪费也会让你自己感到非常着急，结果越着急就越想不出来，越想不出来越着急，陷入恶性循环当中，很可能会导致最后无法在指定的时间内完成作文，所以在思路不清晰的时候，千万不要想，不要等，时间容不得你在这些方面浪费，赶紧动笔也是最关键的。

（3）议论文

学生议论文一般都是简单的一事一议类文章。论点、论据、论证三点齐备也就勾勒出了一篇文章的大致结构。我们反对模式作文法，也就是所有的文章都是一个形式，千篇一律同一个不变的套路。这样的作文往往会使同学们的思维僵化，没有自己的思想，更不会有创新，没有新意的作文若想得高分是相当困难的。所以同学们在创作的时候一定要注意这一点，争取能够突破创新，写出真正能够体现自己风格和特色的文章来。

初中学生一般是以记叙文为主，而高中生则以议论文为主。我们常见的议论文很多是以给材料作文形式出现的，这就更有规律可循。一般情况下可以采用"四字"作文法迅速进行创作。

引：概括性地、有侧重点地引述所给的材料。

提：根据所给的材料提出一个中心论点。

证：对提出的论点进行有理、有据、有力的论证。

联：联系现实，与所给材料呼应，然后总结全文。

议论文不同于记叙文或是其他的文体，对一些细节的内容比较重视。只要掌握了写作议论文的几大特点，并很好地把握它们，做到论点明确，论据充足，论证有力，一篇不错的议论文就算是完成了。

考场作文，重点就在于"应急"两个字上。若想做到应急，无论在什么样的情况下，首先要进入写作状态，尤其是写给材料的议论文。你的心里可能并没有想好到底该怎么写，提什么样的论点，举什么样的论据，怎样进行论证。但你也要先"引"，然后摸索着一步步进行后面的步骤。这样更有利于你走出窘境，找到豁然开朗的感觉。

这样写考场作文是在没有办法的情况下所采用的办法，可想而知，写出来的作文效果肯定不是最佳的。一个同学如果还没有到山穷水尽的地步时，还是应该按照平时作文法训练的作文技巧成文，这样保质保量的作文才能保证得到一个比较满意的分数。

考场作文技巧，适应现代中高考作文走向，同学们可以用"以点及面"的方式进行训练。"点"是指重点作文体裁，也就是你最擅长的作文类型。擅长记叙文就把记叙文当作重点，擅长议论文就把议论文当作重点。"面"就是指你不擅长的文体，虽不是重点，却也要进行训练，以防有其他的情况发生。考场作文千变万化，不可能以你的意愿为中心，你擅长什么作文体裁就出什么样的作文题目，所以各种体裁的作文都要进行训练。"由点及面"的作文训练法遵循的一个原则就是先在"点"上下功夫，等达到一定的熟练程度以后，自

然而然地过渡到"面"上，从而做到面面俱到。

数学把掌握概念放在首位

数学是由概念、公理、定理、公式等按照一定的逻辑规则组成的严密的知识体系，有很强的系统性。因此，在数学的学习中，一定要循序渐进，打好基础，完整、系统地掌握基本概念和基本原理，这样才能为解题打下坚实的基础。

现行中学数学教材中，出现的定义、性质、法则、公式、定理有一千余个。它们如同人体的206块骨头，搭起中学数学学科的知识骨架。围绕它们展开、引出、证明、应用、记忆，构成了多姿多彩的中学数学。也许你从未详细统计过学习了多少概念，也许你未曾意识到自己竟掌握了如此之多的概念，但当你面对数学题目的时候，头脑中却能迅速地反映出相关的概念，使问题迎刃而解，这就表明你已经正确理解、准确记忆、灵活运用了你所学的概念。

对这一千余个概念的记忆、理解和应用程度，决定着你的数学成绩。要学好数学，必须抓住这条主线，在概念的理解和应用上下功夫。

中学数学教学中，概念的教学通常有以下四个环节，即引出、推导、辨析和记忆。同学们要学好数学概念，不仅要掌握这四个环节，而且还要学会其中的方法。

（1）概念的引出

概念的引出往往是教师精心设计的，认真听好教师的引言教学，不仅可激发求知欲，使心理进入积极的准备状态，更重要的是，教师可能会在引言中对概念的产生或应用对象有所交代（或提出关键性的思考问题），这些往往是理解、记忆概念的重要铺垫。这一环节疏漏了，你的认识结构中就会出现一个空白。

定义、定理、公式等既然是客观世界中数量关系的准确抽象，那么抽象的过程也就是前人发现和证明的过程。教师常常采取和同学们一起重涉前人之路的引入方法，这种方法可以教我们如何认识抽象客观现象，培养观察和探究能力。在这个时候，对同学们来说不应该把自己置身于探索者行列之外，应该认认真真地从事发现活动，研究发现过程，自己得出结论。这一步是不能省略的。

（2）公式的推导

研究定理、公式的推导是使同学们的认识从感性上升到理性的途径，也是进行证明或计算的思考模具。研究公式的推导时要注意以下四个要点：

①剖析典型。数学公式定理的推导方法很多，又都是数学论证的基本方法。尤其要注意研究那些在思路、方法、技巧方面有典型意义的定理、公式的推导，如一元二次方程的求根公式、三角函数的和差化积公式等。从这些公式的推导中我们可以学到一种重要的数学思想方法。

②借鉴技巧。研究一个公式、定理的推导过程，不亚于做几道习题。例如证明"相似三角形面积的比等于相似比的平方"。这个定理的证明非常简单，但重要的是，要从证明的过程中发现自己感觉到什么，思考它带来的启示，借鉴它提示的方法与解题技巧，然后将这些技巧应用到解题中去，你就会变得聪明了。

③寻求多种证法。公式、定理的推导过程往往可有几种不同的方法，课本上一般只介绍一种，给同学们留有独立思考的余地。例如三角形内角平分线性质定理，现行教材中的证明是由作已知的三条线段的第四比例项引出的，构造出四条线段成比例图形，把要论证的线段转化成与之相等的线段。引平行线的作用就在于转移比例。教材中，只过三角形的顶点C作角平分线AD的平行线，过D点作AB的平行线可否转移比例？过A、B、D点作其他线段的平行线可否转移比例？不妨试试看。把所有的情况都研究之后就会发现，只有过被平分的角的顶点作平行线不能转移比例。其他六种证法两两相同。再比较这些证明方法我们看到：其一，最简单直观的还数教材中的情况；其二，例题和练习题的证题方法和结论往往是论证新问题的依据。经过这六种证明方法的探讨，同学们就会对用平行线转移比例的作用及思考方法理解得更深刻，运用得更灵

活，对教材中知识的前后关系也有了系统的认识。

④排疑解惑。对概念的研究还在于排疑解惑，自己去验证它的正确性。对概念中有疑虑的地方，不妨试试看它究竟是怎样推导、验证的。通过自己验证排疑解惑，记忆就准确了。

（3）概念的辨析

"概念学多了，反而有些糊涂"，这是一些同学的感受。有这种感受也不奇怪，因为数学概念有很多是容易混淆的。从认识论的观点看，中学生的思维水平，要真正理解一个概念，仅靠引入、推导还不够，还要通过辨别、分析来澄清混淆，明确内涵、外延，深化理解。

①对比辨析。一些类似的概念，只有在对比中才能找到联系与区别，明确它们的从属关系，这关键是要抓区别，通过对比，既知道了各概念间的共同属性，又知道了它们各自的不同属性，运用时就再不会糊涂了。

②变式辨析。对概念进行变式分析和应用，能够进一步掌握概念的特征及广泛效能。定义、定理、公式一般都可用数学符号来表达其对象间的关系。一个关系式里包含的几个量，虽有固定的关系，但不一定有唯一固定的形式。对形式进行合理变式，可得到更多的结论。变式辨析的一般方法是单向递进式联想、双向可逆性联想、恒等变形。但要注意：在多种变式中，一定要先深刻认识原公式、定理的特征。另外，有些定理往往难解其意，用起来也很被动，这就要把它大解剖，析理清楚，运用起来就得心应手了。

③条件辨析。有些公式是在一定条件下才成立的。条件变了，则可能导出错误的结论。因此，要正确运用公式，就要弄清条件的来龙去脉。当公式的条件较多时，要弄得清这些条件规定的原因，避免条件间发生交叉错误。有的时候学习的公式都带条件，弄得人眼花缭乱，用公式时不知如何是好。如代数中根式的性质和幂的运算性质有19个，它们都有适用条件，但只要认真分析，你会发现所有的条件其实可以分别归属于两类，只要记住了这两条，19个性质的条件就全记住了。

（4）概念的记忆

数学的概念、定理、公式和法则，都必须牢牢记住，只有记住了，才谈得上计算、运用和论证，否则是不可能有解题能力的，因此，同学们应学会一些记忆的方法。

重新认识例题的作用

教材中的例题是中学数学教材的三大组成部分（概念、例题、习题）之一。它是把理论与实践联结起来的纽带，是将知识转化为能力的一座桥梁，所以学习例题是学以致用的重要环节。正如牛顿说的那样："在数学中，例子比定律更重要。"

教材中的例题是经过严格挑选的，并以每小节为单位，按照由浅入深、由易到难的顺序编排起来。例题具有目的性、延伸性、典型性和综合性，学习和分析例题应掌握好这些特性。

（1）掌握例题的目的性

数学例题一般围绕两个方面设计：一是为了巩固新学的基本概念。这类例题难度不大，概念性强，形式多样，或正面提出问题，或反面提供反例，可以类比分析，也可以改错纠正。二是学习解题方法，训练解题技能，获取思考问题的一般思维方法。这类问题具有较强的综合性和典型性，且有一定难度。但无论是哪一类情况，例题编排的目的都是很明确的。

例如七年级代数第一册中"代数式"一节，教材中安排了较多的例题。为什么安排这么多例题呢？因为代数是七年级课程的重点，同时也是难点，是使同学们由小学形成的形象思维向抽象思维转变的转折点。要顺利地过好这一关，必须进行由简到繁、由易到难的训练。只有通过本节课的学习，具备了熟练的列代数式基本功，才能学好列方程解应用题的内容。这就是本节例题安排的目的。因此学习中应给予足够的重视。

（2）掌握例题的典型性

典型题对一类问题或一类方法具有代表性。研究它的典型意义，可以以

点带面、举一反三、触类旁通，从题海中解放出来。如以下例题的典型性就在于教给我们一种重要的解题方法——换元法。

例：解方程$2x2+3x-5\sqrt{2x^2+3x+9}+3=0$。

解：原方程变形得：$2x2+3x+9-5\sqrt{2x^2+3x+9}-6=0$；现设$\sqrt{2x^2+3x+9}$ $=y$，那么：$2x2+3x+9=y2$，因此$2x2+3x=y2-9$，于是原方程变为：$y2-5y-6=0$。解得：$y1=-1$，$y2=6$。

当$y=-1$时，$\sqrt{2x^2+3x+9}=-1$，根据算术平方根定义此式无意义；

当$y=6$时，$\sqrt{2x^2+3x+9}=6$，得$x1=3$，$x2=-9/2$，经检验是原方程的根。

这个例题告诉我们，换元的基本思想是通过把原题中的某个式子换成另外的式子，使问题化繁为简、化难为易，如可降次、可消元等，从而把不可知的问题换成可知问题来解。它是数学研究中很重要的一种思想方法，在分解因式、解方程、解不等式、求极限、几何证明中都会用到它。

由此可知，对各类典型例题的分析讨论，会使同学们变得越来越聪明。在典型例题上多下功夫，会使你获得事半功倍的效果。

（3）掌握例题的延伸性

例题的延伸，主要指通过对例题的挖掘，使问题延伸到更大的范围。通常有以下几种延伸方式：

①横向延伸。横向延伸主要指一题多解，用多种方法处理同一问题。它可以延伸到数学的各个分支，沟通它们之间的联系。

例：正方形ABCD内的一点E，$\angle EAB=\angle EBA=15°$，求证：△CDE为正三角形。

此题可用代数、几何、三角及解析几何等多学科知识和多种方法求解，的确是多知多趣。进行横向延伸必须做好两点：一是"解法择优"，从多种解法中选择最佳的方法，分析它的优越性；二是"多解求源"，分析比较多种解法的联系和区别，找出它们的源头和关键，这样做有利于深化各方面的知识，从而达到融会贯通。

②纵向延伸。这种延伸方法主要指改变例题的条件和结论，一步步向纵深递进，从而得到更多的结论。

（4）掌握例题的综合性

综合性的例题内容丰富、涉及面广，很难找到统一的解题方法和规律。因此，对这类问题只能根据具体情况对已知与未知的内在联系进行具体分析，从而寻求解题的途径。同学们往往对这类题感到棘手，但是必须重视它。只有彻底搞清楚此类例题，并有针对性地进行有关习题的训练，才能使自己最终获得分析与综合运用的能力。

数学成绩不好的原因及对策

有不少同学反映："虽然很想学好数学，可数学成绩就是提不起来。"调查表明，造成数学成绩滑坡的主要原因有以下几个方面：

第一，过于被动。许多同学进入中学后，还像在小学那样，有很强的依赖心理，跟随老师惯性运转，没有掌握学习主动权。表现在不制订计划，坐等上课，课前没有预习，对老师要上课的内容不了解，上课忙于记笔记，没听到"门道"，没有真正理解所学内容。

第二，方法错误。老师上课一般都要讲清知识的来龙去脉，剖析概念的内涵，分析重点、难点，突出学习方法。而一部分同学上课没能专心听课，对要点没听到或听不全，笔记记了一大本，问题也有一大堆，课后又不能及时巩固、总结、寻找知识间的联系，只是赶做作业，乱套题型，对概念、法则、公式、定理一知半解，机械模仿，死记硬背。也有的晚上"开夜车"，白天无精打采，或是上课根本不听，自己另搞一套，结果是事倍功半，收效甚微。

第三，忽视基础。自我感觉良好的同学，常轻视基本知识、基本技能和基本方法的学习与训练。经常是知道怎么做就算了，而不去真演算书写，但对难题很感兴趣，以显示自己的水平，好高骛远，重"量"轻"质"，陷入题海，在正规作业或考试中不是演算出错就是中途卡壳。

针对学习中出现的上述情况，我们提出几点对策供同学们参考。

（1）上好每一节数学课

课堂是学生获得知识的主要源泉。要尽力上好每一节数学课。俗语言："眼见不如实干。"课堂上要高度集中注意力，开动脑筋，积极主动独立思考，学出门道，当堂学会。这绝不是提倡无师自通，而是在教师指导、帮助下，有计划按程序地探讨各部分知识的来龙去脉，理论联系自己的知识实际、生活实际、社会实际并亲自思考，把主要精力放在对问题的分析上。必须提倡思索，不单靠老师教，要充分发挥自己在数学学习中的主体作用，养成分析的习惯，独立思考，自己总结归纳。这样得到的知识是自己理解了的，概念清晰，记忆牢固，提高学习效率，增强分析问题解决问题的能力。一旦收到个人努力的成效，就心情愉快，随之产生学好数学的兴趣和决心。

（2）独立作业，严密推理

只有在实践中才能真正地掌握知识、运用知识，在学习过程中，要善于把知识和实践结合起来，并运用到实践中去，只有这样才能发现学习中的不足，弥补学习中的缺憾。在掌握了基础知识后，一定要在解题实践中培养自己分析问题和解决问题的能力。解题所占的时间应不少于整个数学学习时间的70%。在解题的过程中，一方面，继续巩固基础知识，加深对教材的理解；另一方面，理清解题思路，掌握解题方法，积累解题经验，探索解题技巧。

学习数学必须独立做题，正如数学家华罗庚所说："学数学而不做习题，无异于入宝山空手而归。"做习题一定要在学好数学课本上有关内容，掌握基础知识和例题的解题步骤、技巧的基础上进行，也就是掌握了工具再做。并且要本着"数学经常考"的态度，做题似入考场，不要一知半解、马马虎虎，比葫芦画瓢或查字典式地做题，致使作业错误百出。就是基础差的学生也必须独立完成作业，当然可适量少做些，有困难时多请教老师，绝不能抄袭别人的作业。做习题要做到严密推理、符合逻辑、根据充分、格式规范、繁简适度，解题的全过程都要步步有据。

（3）求教与自学相结合

在学习过程中，要善于发挥老师和同学们的优势，独自一个人学习。难点和疑点往往一时不容易弄清楚，如果能和老师、同学们在一块讨论，就很容易得到满意的答案。有人就曾经告诫青年说："当你独自阅读的时候，你只看到一面，即便了解了三面，还没有了解到第四面。当你把第四面都了解了，哪知这个东西不是一个平面，而是一个正方体，总共有六个面。所以和别人一起讨论，便能使思想磨砺深刻，能够使它丰富起来。"但是，学习又不能处处依靠别人，必须自己主动地去学习、去探索、去获取，应该在自己认真学习和研究的基础上去寻求教师和同学的帮助。这样才能真正地获得知识。

（4）学习与思考相结合

只有思考才能真正地理解知识，应用的时候才能灵活。所以在学习过程中，对课本的内容要认真研究，提出疑问，追本溯源。对每一个概念、公式、定理都要弄清其来龙去脉、前因后果、内在联系以及蕴含于推导过程中的数学思想和方法。在解决问题时，要尽量采用不同的途径和方法，要克服那种死守书本、机械呆板、不知变通的学习方法，真正地把知识理解透彻。

著名的物理学家爱因斯坦曾经总结自己的学习经验是：依靠自学，注意自主，穷根究底，大胆想象，力求理解，重视实验，弄通数学，研究哲学等。如果我们能将这些科学家的学习经验借鉴过来，将是一笔非常宝贵的财富，对于我们的学习会有不小的促进作用。因此，作为一个自觉的学生就必须在学习知识的同时，掌握科学的学习方法。

学英语要有一个好的开头

俗话说，良好的开端是成功的一半。学习英语也是如此，如果把握好初始阶段，日后的英语学习会事半功倍；否则，不仅影响到英语成绩，还会给你的心理蒙上一层阴影，进而失去自信。那么，开始学英语时要注意哪些问题呢？怎样才能取得这成功的一半呢？同学们可以从以下六点做起：

（1）树立信心

凡事均要有信心，英语的学习也是如此。因为，英语对初学的人来说是

一门全新的语言，读音、构词、语法等许多方面与汉语相差很大，学习起来肯定要花费很大精力，克服很多困难，如果一开始就没有信心，怕苦畏难，学得越多，困难就会越多。所以，必须在开始的时候做好准备，下决心迎接挑战。只有鼓起信心的风帆，语言潜能才会得以充分挖掘，碰到难关才不会畏惧。

（2）培养兴趣

兴趣是最好的老师。而培养英语学习的兴趣并不难，至少有两个好方法：

第一，从听音乐做起。现在绝大多数学生都酷爱音乐，都有自己的偶像歌星，相信你也不例外。如果你的偶像碰巧是唱英文歌的，你能不对他所唱的内容充满向往和兴趣吗？如果你是个中国歌星的歌迷，不妨放眼全世界，你肯定会找到一位英语国家的歌星偶像的。

通过听音乐培养对英语的学习热情有两个可行性原因：首先是便于携带，将MP3或MP4往口袋里一塞，随时随地都可以在欣赏音乐的同时学习英语，无须坐下来正儿八经地学。其次是便于操作，如果一遍没听清某句话，很容易倒回头再听一遍。除此之外，每首歌相比较课文来说都很简短，配上动听的曲调，很容易记住。

第二，看英文动画片。培养学英语的兴趣还可以和观看动画片结合起来。看动画片是大多数孩子的最爱，而许多经典的动画片（如《猫和老鼠》、《白雪公主》、《狮子王》等）都是原版英语的，也有双语版的，既有中文又有英文。这就为我们的外语学习提供了很好的条件，看着千变万化的画面以及故事情节，听着地道的原版英文，一定会激发你学习英语的强烈欲望。

（3）做个有心人

有了兴趣还不等于一定能学好英语，我们平时还要做个有心人，细心观察身边无处不在的英语，注意积累，久而久之，一定会使学好英语变得水到渠成。

①购物时的学习。无论是超市，还是购物中心都会被英语氛围包围，几乎每件商品上都会有些英文，从简单的Made in China（中国制造）、商品成分说明到柜台上的new arrival（新品已到），随处都会与英文碰面。这些不

正是收集英语单词的好机会吗?

②大街上的英语学习。走在大街上,迎面扑来的是各种各样的广告,大多数广告上都会出现一些英文单词或缩写。如广告上都要留电话号码,会用"电话telephone"的缩写Tel,更有众多的广告是双语创作的。这是绝好的英汉对照式的英语学习。

③家里的英语氛围。家里就更是学习英语的好场所了。电视上有英文电影和形形色色的学英语节目,英文频道的24小时英文不断,光是家用电器上,英语就无处不在。插插头的地方都会有个英文单词power,那我们就知道,这是"电源"的意思。开关上更是常见on(开)和off(关)。

④网络上的英语就更不必说了。因此,只要我们做个有心人,就一定会在多姿多彩的生活里发现英语的影子,从而帮助我们日后学好英语。

(4)在模仿中学习

刚开始学英语时,根本就是云里雾里,什么读音规则,什么语言逻辑,一窍不通。这时,千万别紧张。你的这个阶段就像婴儿刚开始学说话时一样,开始时,婴儿只能说"啊,妈,爸"等,非常正常。随着时间的推移、逐渐的积累,慢慢就会有语感,就会"悟"出许多所谓的规则的。

因为没有感觉,所以学过的单词过会儿就忘,这也很正常。好在现在学英语的条件比过去好多了,复读机、MP3、网络很普及,它们都是我们的老师。

(5)在背诵中学习

众所周知,"熟读唐诗三百首,不会作诗也会吟",可见背诵的魔力所在。学英语也是如此,尤其是刚入门时,最好是每篇课文都能够背诵。有的同学背了上句忘下句,一篇课文要背好几个小时。其实,可以先大体记住文章的中文意思,再根据中文意思背出英文。初学者的英语课文一般很短,中文意思只有几句,背起来很轻松的。

(6)在重复中学习

再好的记性也有遗忘的时候,何况是刚接触的完全陌生的外语,更需要我们经常(最好每天)复习,尤其是单词。有可能的话,每天将以前学过的生

词都背一遍，将不熟的做上记号重点复习。如果时间很紧，也可以每周复习一次。总之，复习（重复）这个工作一定要做，而且越频繁越好。这样坚持一个月，肯定会大有收获。

如何巧记英语单词

学习英语如建大厦，单词是砖瓦，语法是框架，课文是整体。就是说背会单词、掌握语法、读懂课文是学习英语的三要素，而记忆单词则是学习英语的基础。

（1）拼读记忆法

英语是拼音文字，初学时必须掌握26个字母及其典型字母的读音规则。例如，只要掌握开音节、闭音节、字母组合等规则，像teacher（老师），pollution（污染）这些单词按读音写下来，并不难。

（2）联想记忆法

同音词、同义词联想记忆，如由son（儿子）联想到sun（太阳），由sea（大海）联想到see（看见）。反义词、同义词联想记忆，如由short（短）联想到long（长），由wet（湿）联想到dry（干），由big（大）联想到large（大），由answer（回答）联想到reply（回答）等。

（3）构词法记忆

大家都见过葡萄，摘葡萄都是一串一串地摘。如果一粒一粒地摘，既费工，又掉粒。根据构词法记忆单词，就像摘葡萄一样，抓住词干，分析前后缀的复合关系，一记一大串。

例如：care（介意）—careful（仔细的）—carefully（仔细地）—careless（粗心的）—carelessly（粗心大意地）—carelessness（粗心大意）。如果再加上take care of（照顾），care for（照料、喜欢、愿意），care about（关心，在乎，担忧）这几个常用词组，抓住care一词，带出了另外8

个词。

（4）单词记忆"品"字法

单词记忆"品"字法就是若要记100个单词，第一次记忆20个，第二次复记第一次的20个，再记另20个，第三次复记前40个，再记另20个，第四次复记前60个，再记另20个，第五次复记前80个，再记另20个，第六次先记后20个，再复记前80个。这个记忆法是根据艾滨浩斯遗忘曲线理论而形成。

"品"字记忆法也有人称为"叠罗汉"。

（5）"四合一"法

"四合一"法就是眼看单词、词义、词性，口读这个单词，耳听这个单词，手在纸上写这个单词。这种方法使人眼、口、耳、手并用，使人精力集中，是一种最简单、更方便、最适合同学操作的方法。目前，中学大多数学生采用这一方法。但要注意在记忆一课单词时不能只进行一次，较好的是每天1～2次，每次5分钟左右。

（6）筛选法

筛选法就是边学边将学过的单词抄在一个小本子上，不加任何释义，每天抽10分钟时间看100个左右的词。有些词由于复现率高，根本不用去记忆，这样剩下需要记忆的词就不多了，经过反复筛选，反复记忆，记住单词是不难办到的。

（7）单词结合词组或句子记忆法

关于如何记生词的问题，著名英语专家许国璋教授建议：不要单独死记生词，而要结合词组或句子去记。例如，记book（书）这个词，可以用一列词组和句子去记：a new book（一本新书），a long book（一本很长的书），a short book（一本很短的书），an interesting book（一本有趣的书）；the book is not very interesting（这本书不是很有意思）。另外，大量的阅读可以增加词汇的复现率，用学过的词语造句、写日记或口述生活情景等，都是运用所学词汇于现实中，这样，可以帮助记忆单词，还可以提高说和写的能力。

怎样开口说英语

许多中学生学的是"哑巴英语"，不敢说英语，笔头考试还可以，要他开口说，学英语的乐趣就少了一大半。时间长了，还会影响更深入的学习。因此，不要小看"哑巴英语"的危害。你是不是也有这样的问题呢？要想改变这个状况，可以从以下四个方面做起：

（1）克服你的胆怯

有句歇后语是这样说的：茶壶煮饺子——有货倒不出。初学者因为掌握的英语知识有限，拿不准要用哪个词，再加上在陌生人面前多少有点紧张，又怕犯了错误被同学取笑，因此，一时开不了口是很正常的。这时首先要克服害羞、胆怯的心理。这是开口说英语的敲门砖和首要条件。

每个人都免不了犯错误。人都是在不断犯错和纠错中学习成长的。学习英语也不例外。只有不怕犯错误，不怕被别人笑话，才会学好英语。这时我们的脸皮不妨厚一些。被笑话没关系，只要学到新知识。风靡全国的"疯狂英语"所倡导的就是"大胆说出来"这个理念。可见"害羞"在学习英语时万万要不得。

（2）抓住你的机会

克服胆怯很重要，但是不胆怯并非一定能说得一口流利的英语口语。还要掌握一些技巧或方法。

首先，你要善于寻找并利用各种说英语的机会。如果我们做个有心人，就会发现我们身边就有很多说英语的机会。最简单的机会就是英语课，一般英语老师授课都会尽量多地讲英语，师生问答也用英语，如果你能每节英语课都回答老师一两个问题，日积月累，你的口语会在不知不觉中提高。

如果你们有外籍教师教授口语，更是难得的好机会。你只要下课赖着不走，多套点近乎，不仅能引起外教对你的注意，增加你在他课堂上的提问概率，还会自然而然地提高你的口语。如果你大方地请外教喝茶或到你家里做客，那更会使你的口语突飞猛进。

万一你很不幸，英语老师不怎么使用英语，又没有外教，那么，利用网络吧。网络已经非常普及了，可以先尝试着找个英美国家的正在学习中文的笔友，通几封信，然后可以视频聊天，或者打免费的网络电话。不必担心对方笑话，你的英语比他的汉语要强百倍！

总之，Practice makes perfect（熟能生巧），只有开动脑筋寻找一切可能的机会练习，才能逐渐克服"哑巴英语"。

（3）扩充你的词汇

找到机会后，下一个问题就是如何好好利用这些机会了。开始可以聊些非常简单的话题，可以从打招呼、介绍家人情况练起。这里要注意不能涉及个人隐私问题，如女士年龄、工资状况等。但是，随着话题的深入，你会越来越觉得词汇匮乏，好多想要表达的就是不知道用英语怎么说。这时，你就要在练口语的同时注意积累词汇了。课本上学来的单词很可能远远不够用。你不妨随身备个小抄本，遇到新的词汇就抄下来，抽空也可以随时复习前几天学习的词汇。如果有可能，还可以随身带个袖珍汉英词典，随时查阅某个中文的英语表达法。久而久之，你的词汇不丰富才怪呢。

扩大词汇的另一个途径是通过阅读。英文阅读不仅可以让你领略外国风情，还可以扩大词汇量。遇到生词时除了影响理解的关键词，我们不主张立刻查字典，而是鼓励有根据地猜测。有数据表明，一个单词出现六次就可以让你记住。这样一举多得的阅读谁会不愿意去做呢？

（4）寻找你的搭档

课堂上的问答，与外教或笔友的交流都会在一定程度上改变你的"哑巴英语"现状。但是，要想不停留在一般般的水平上，你还得下更大的功夫。

古人云：曲不离口，拳不离手。说英语也是如此，即使每天英语课上你都有幸被提问，每天你都有机会跟老外聊上几句，那也只能是几句，离说一口流利的英语还相差甚远。这时，我们就要想方设法加大每天的练习量。建议是：找一个同样想练口语的同学做搭档，每天午饭或晚饭后利用散步的机会，

边走边聊，尽量多地说英语。如果每天能坚持二十分钟，每个人得平均说几百甚至上千句英语呢。若持之以恒，说一口流利的英语根本不是梦想。

怎样掌握英语语法

语法是研究词形变化和句子结构的规则体系，是一种语言整体上的语感规则。它对培养英语听、说、读、写技能，形成语言交际能力十分重要。然而，语法的内容体系十分庞大，面对复杂而繁多的语法规则，很多人感受到了学习英语的艰难与枯燥。那么怎样才能学好语法呢？

（1）理解记忆是学习英语语法的基础

中学阶段的语法知识非常多，常常给人错综复杂烦冗的印象，记忆起来常常是"剪不断，理还乱"。其实语法记忆也有规律性，我们头脑中要形成一个完整的知识框架，将语法点分类串起来。例如，由by引导的时间状语，主句大都跟完成时有关，by后接的是表示现在的时间，主句用将来完成时，而by后接的是表示过去的时间，主句用过去完成时。另外，语法记忆也讲究技巧性，比如hero（英雄）、tomato（番茄）、potato（土豆）这几个单词，它们有一个共性就是变成复数形式时在词尾加es。你可以把这几个词的中文意思串起来，"英雄爱吃番茄、土豆"，这样记当然就不容易遗忘了。

此外，学习语法一定要真正理解，要避免死记硬背。比如在学习现在分词和动名词的用法时，只记住分词可以做定语、状语、补语、表语，动名词可做定语、主语、宾语、表语，这样很容易记混淆。其实分词就相当于形容词。形容词能充当的成分，分词基本都能充当；动名词就相当于名词，名词能充当的成分大都可以使用动名词。这样也便于理解为什么动名词能充当主语和宾语，而分词则不能。理解语法并不是要对语法规则刨根究底，而是要联系实际情况来体会句子要表达的意思。

英语的语法与汉语的语法有很多相通之处，因此学习英语语法可以结合汉语语法进行理解。如英语句子的成分与汉语大致一样：主谓宾，定状补，不同的只是英语中多了主系表这种结构。因此在分析句子结构和句子成分时，我们可以用中英文对照的方法来分析。

（2）练习是掌握英语语法的有效方法

了解了语法规则后，一定要多做练习才行。做语法练习有"三忌"：一忌多，语法题大多以选择题的形式呈现，题目里面重复的知识点也很多，所以一定要先保证"精"，在精选且每道题都弄懂的前提下才能求"多"。要扩大语法的知识面，但盲目地做大量的练习只会浪费时间。二忌乱，练习题按语法点分类整理，避免相似语法点之间产生混淆，为记忆和复习带来负担。三忌断，做练习是循序渐进的过程，断断续续地练习不仅容易遗忘语法知识，而且相同的语法错误会犯很多次，练习的目的当然没有达到。只有适时适量地做适合的练习，才能最好地掌握语法，才能熟能生巧。

（3）归纳是学习英语语法的保障

学习英语语法的重要方法就是要学会归纳。在学习的过程中要发挥自身的学习主动性，总结归纳学过的知识，而不是被动地等待老师的总结。例如，在做题的过程中标记知识的难点和经常出现的问题，并对同一类问题进行归纳总结，集中起来询问同学或老师，并将错题的详细解释记在题目的旁边，及时复习巩固。时间长了，会训练出举一反三、触类旁通的能力。

（4）合理的输入是巩固英语语法的有效途径

众所周知，知识的输入方式有两种，即听和读。读一些有趣的书，多读书对于培养语感很有帮助，比如"书虫"系列。除了上英语课，听英文歌曲、看英文大片是接触英语的主要途径，也是学习、娱乐一举两得的好方法。《阿甘正传》里有一句至理名言："Life is like a box of chocolates and you never know what you are going to get（生活就像一盒巧克力，你永远不会知道你会拿到哪一块）."简简单单的一句话却包含了丰富的语法知识，比如like做介词的用法、what引导的名词从句、be going to表示将来时等。这样既欣赏了大片，又巩固了语法，何乐而不为呢？

（5）实践是学习英语语法的捷径

中学生提高学习成绩的技巧

语法是学习的工具，而不是最终的目的，我们学习语法除了要应对各种各样复杂的考试之外，更是为了将它应用于实践。例如：

A：Hurry up! Alice and Sue are waiting for you at the school gate.

B：Oh! I thought they had gone without me.

这里，A叫B快点，Alice和Sue在学校门口等他，B说我以为他们不等我就走了。根据语法规则，我们可以说"I think they have gone without me"，而在实际的对话中包含"原以为"的意思，所以，主句用一般过去时，宾语从句用过去完成时。对于这一类问题，就要从实际的角度出发，只重视语法规则，容易产生错误，不利于英语语法的学习，甚至会产生厌烦感。而在实践中运用所学的语法知识不仅能够起到巩固的作用，而且可以产生进一步学习的兴趣和动力。

中学英语语法是实践语法，不是理论语法。它是以培养学生理解句子和篇章、准确表达思想的能力为目的的，是我们学习的工具，而不是为学语法而学语法。只要我们将枯燥的语法规则和丰富多彩的日常生活结合起来，我们就能学好语法，准确地掌握语言，并与人交流。

怎样提高英语阅读能力

阅读是主动、积极地获取信息的创造行为，是培养同学们通过视觉感知书面文字符号并获取信息能力的途径，更是提高听、说、写能力的有力杠杆，它在英语学习中起着至关重要的作用。在近几年的中考英语试卷中，阅读的分值（阅读理解、完形填空、任务型阅读）占了整个试卷分值的一半以上。中考英语试卷阅读理解的篇幅在增长，难度也有所加大。要提高英语阅读水平，需做到以下几点：

（1）重视英语词汇和习惯用法的积累

阅读能力的高低和词汇量的大小是分不开的，目前大部分学生的词汇量偏少，这是影响阅读能力提高的主要因素。具体方法在前文已有介绍。

（2）牢固掌握语法知识

在阅读中遇到令人费解的长句、难句，就可以借助语法，对句子进行适当的分析，搞清各部分的关系，从而准确理解整句的意思。以Decision-thinking is unlike poker, it often matters not only what you think, but also what others think you think and what you think they think you think（思考和决定不是出扑克牌那么简单，你不仅需要考虑到自己想的是什么，还要考虑别人认为你怎么想的，以及你认为他们对你是怎么想的）为例。该句包含了主语从句、宾语从句、并列句等多种关系。其中并列句中又有复合句，复合句中又有并列句。只有把句子的成分一一理清，才能掌握其意思。

（3）积累一定的文化背景知识和生活知识

英语阅读能力的提高不仅需要一定的语言知识，还要有一定的文化背景知识和生活知识。

（4）培养良好的阅读习惯，掌握有效的阅读技巧

要养成良好的阅读习惯，就要求平时多朗读，背诵精彩段落和文章，以培养语感。另外，要克服一些不良习惯，做到不回读，不声读，不点读等。只有这样，阅读速度才能加快，理解的准确率才能提高。

俗话说，"冰冻三尺，非一日之寒"，提高阅读能力，不是一朝一夕就能做到的。只要坚持正确的阅读方法，培养兴趣，广泛阅读，积累词汇，并且养成良好的阅读习惯，阅读理解能力一定会逐步提高。

怎样提高写短文的能力

根据考纲，英语中考中的书面表达要求考生根据情景，写一篇100字左右

的短文。短文不但要有内容描述，还要有观点和感想。其目的主要是考查考生是否能够用所学的英语知识，用合乎英语习惯的表达方式传递信息，进行思想交流。以某市英语中考题为例，其中的作文考查形式主要是根据所给文字，组词成篇，并表述个人观点及感想。根据考试说明和评分要求，考生首先应该做到：

（1）切中题意

切题与表达是不可分割的统一体，内容不切题，再好的表达也无济于事，其中，审题是做到切题的第一步。所谓审题就是要看清题意，确定文章的中心思想、主题，并围绕中心思想组织材料。

（2）情节信息完整

这里的情节信息，就是书面表达所提供的内容要点，这是短文的核心部分。在提示说明中，有时把情节信息，一、二、三、四逐个列出，当然一目了然，但有时不一定交代得很具体，只给了大致轮廓，这就要求我们自己思考确定，逐条列出，写作时不致漏掉要点。

（3）语言基本无误

所谓语言无误，包含两层意思：一是用词准确，能充分表达原意。二是语法规范，符合英语习惯。写出来的句子，读起来语感正常，不牵强附会，不生搬硬套，通篇读完，有英语味道。纵使达不到母语为英语的人的写作水平，但起码得让人家觉得可以接受。我们写作中最大的毛病是汉语式英语既糟蹋了英语，又曲解了汉语。下面的句子，貌似正确，其实都是病句：

①Don't persuade him. He won't listen to you. （persuade指劝服，不是劝）

②Why did you against the meeting? （这里against为介词，被误用成动词）

③He promised his daughter to go with him. （人称性别错误）

④Is the house belonged to you? （"属于"这个短语不可用在被动中）

那么，怎样能让自己的作文写得到位，得高分呢？增加句子复杂性是很有用的一种途径。以下四种手段是增加句子复杂性的常见方法。

第一，改变句子的开头方式。不要一味地都是主语开头，接着是谓语、宾语，最后再加一个状语。可以把状语置于句首，或用分词做状语等。例如：They met at the school gate and went there together early in the morning. 可改成：Early in the morning, they met at the school gate and went there together.

第二，在整篇文章中，避免只使用一两个句式，要灵活运用诸如倒装句、强调句、主从复合句、分词状语等。

①强调句。My parents praised Ah Fu warmly. It was our brave Ah Fu, who had saved my little sister bravely.

②由what等引导的从句，此处的what相当于中文的"所"，有很大的概括力，如，

What China has achieved in recent years is known through the world.

③由with或without引导的短语。如，

He sat in the office with a book in the hand.

第三，通过分句和合句，增强句子的连贯性和表现力。

He stopped us half an hour ago. He made us catch the next offender.

可改为：He stopped us half an hour ago and made us catch the next offender.

第四，学会使用过渡词。

①递进：then（然后），besides（还有），furthermore（而且），what's more（此外）等。

②转折：however（然而），but（但是），on the contrary（相反），after all（毕竟）等。

③总结：finally（最后），at last（最后），in brief（总之），in conclusion（最后）等。

④强调：indeed（确实），certainly（一定），surely（确定），above all（尤其）等。

⑤对比：in the same way（同样地），just as（正如），on the one hand…on the other hand…（一方面……另一方面……）等。

第五，注意使用不同长度的句子。

对于较复杂的词汇，可以从以下几个方面着手。

①注意使用词组、习语来代替一些单词，以增加文采。如，

A new railway is being built in my hometown.

可改成：A new railway is under construction in my hometown.

②使用一些很有"洋味"的单词。如，

Thank you for sharing the time with us.

The way he views the world is very practical.

③避免重复使用某一单词或短语。如：

I like reading while my brother likes watching television.

可改成：I like reading while my brother enjoys watching television.

最后，要把好检查这一关。

是否切题：分三点看——一是整篇文章内容是否切合文章标题要求，二是段落主题句的内容是否与各段落提示句内容相一致，三是段落内部的内容是否与段落主题句的表达相一致。如果发现任何一个层面不切题，应该尽可能弥补，删除那些多余的或不切题的地方，但切忌动"大手术"。

是否连贯：检查上下文是否连贯，句子衔接是否自然流畅，检验的标准主要是句子是否通畅，该用连词的地方用了没有，所用的连词是否合适。

是否有语法错误：主谓是否一致，动词的时态、语态、语气的使用是否正确，词组的搭配是否合乎习惯。

是否有大小写、拼写、标点错误，注意卷面整洁。

正所谓熟能生巧，要想写出好文章，最根本是要大量实践，必须多读多写，注意博览和精读相结合，甚至可以适当背诵一些名句名篇。另外，还可选些范文，悉心领悟，多加模仿，以逐步达到运用自如。随着你的语言能力的提高，你就不愁写不出好文章了。